职业教育汽车专业新形态教材

U0587554

QICHE DIPAN JISHU JICHU YU JINENG

汽车底盘技术基础与技能

>>>>>>>>>>>>>>>>

总主编　余朝宽

主　编　黄成金　黄成松

副主编　胡　萍　王梦麟　刘珏萤

编　者　贺顺龙　高　亮　马艳婷　肖　芳　黄家友　储金华
　　　　熊陈军　王　尧

重庆大学出版社

图书在版编目(CIP)数据

汽车底盘技术基础与技能 / 黄成金,黄成松主编
.--重庆:重庆大学出版社,2021.9
职业教育汽车专业新形态教材
ISBN 978-7-5689-2810-6

Ⅰ.①汽…　Ⅱ.①黄…②黄…　Ⅲ.①汽车—底盘—
结构—职业教育—教材②汽车—底盘—车辆修理—职业教
育—教材　Ⅳ.①U472.41

中国版本图书馆 CIP 数据核字(2021)第 172562 号

职业教育汽车专业新形态教材
汽车底盘技术基础与技能
主　编　黄成金　黄成松
副主编　胡　萍　王梦麟　刘珏萤
策划编辑:陈一柳
责任编辑:陈一柳　　版式设计:陈一柳
责任校对:刘志刚　　责任印制:赵　晟
＊
重庆大学出版社出版发行
出版人:饶帮华
社址:重庆市沙坪坝区大学城西路 21 号
邮编:401331
电话:(023) 88617190　88617185(中小学)
传真:(023) 88617186　88617166
网址:http://www.cqup.com.cn
邮箱:fxk@cqup.com.cn(营销中心)
全国新华书店经销
重庆市国丰印务有限责任公司印刷
＊
开本:787mm×1092mm　1/16　印张:6.25　字数:135千
2021 年 9 月第 1 版　　2021 年 9 月第 1 次印刷
印数:1—3 000
ISBN 978-7-5689-2810-6　定价:33.00 元

　　本书根据交通运输行业国家职业技能标准、汽车维修工国家职业技能鉴定标准编写而成，注重以就业为导向，以能力为本位，面向市场，面向社会，体现了现代职业教育的特色，培养了学生的职业能力，其具体框架结构为："项目描述"—"项目内容"—"项目目标"—"知识储备"—"任务实施"—"评价与考核"—"实训报告单"—"作业"。

　　全书共分七个项目，包括离合器的拆装与检修，变速器的拆装与检修，万向传动装置的拆装与检修，后驱传动系统的拆装与检修，盘式制动器的拆装与检修，鼓式制动器的拆装与检修，汽车轮胎的拆装与检修。本书旨在培养学生的动手操作能力和解决问题的能力，针对性与实用性强，是一本具有鲜明特色的中职教材。

　　本书在编写过程中，认真总结了多年来中职汽车维修专业的教学经验，注意吸收国内外先进的教学模式和方法，主要具有以下特色：

　　①使用活页形式，结合汽车运用与维修专业"1+X"证书内容，采用"项目教学、任务驱动"的编写形式，打破了传统教材的章节体系，充分体现了对学生专项能力的培养。

　　②本书是以汽车维修、装配企业的关键技术和操作岗位能力要求为核心，确定了专业知识和能力培养目标，并且书中的技能要求与职业技能鉴定标准接轨，要求学生的实际现场操作能力达到初级技术工人水平。

　　③每个项目都有明确的任务目标和操作指南，书中内容图文并茂，贴近生产实际，内容丰富、形式多样，有利于激发学生的学习兴趣。

　　本书的编写人员来自教学一线长期从事中等职业学校汽车维修专业教学教师以及汽车制造行业、汽车维修行业的专业人员，他们具有丰富的教学与实践经验。本书由余朝宽担任总主编，黄成金、黄成松担任主编，胡萍、王梦麟、刘珏萤担任副主编，贺顺龙、高亮、马艳婷、肖芳、黄家友、储金华、熊陈军、王尧（排名不分先后）参与编写。本书在编写中还得到了杨清德、陈世江、王国明等行业、企业高校专家的大力支持与帮助，同时得到汽车与装备制造专业集群内专业教师、思政课教师的大力支持和帮助，参考和采用了许多相关专业文献和专家的建议，在此一并表示感谢。

　　由于编者水平所限，书中疏漏之处在所难免，恳请读者提出宝贵意见，以便再版时修订。

编　者

2020 年 11 月

CONTENTS 目 录

项目一　离合器的拆装与检修 …………………………………… 1

项目二　变速器的拆装与检修 …………………………………… 11

项目三　万向传动装置的拆装与检修 …………………………… 27

项目四　后驱传动系统的拆装与检修 …………………………… 39

项目五　盘式制动器的拆装与检修 ……………………………… 55

项目六　鼓式制动器的拆装与检修 ……………………………… 69

项目七　汽车轮胎的拆装与检修 ………………………………… 81

项目一 | 离合器的拆装与检修

【项目描述】

一辆手动挡汽车行驶中加速时,车速不能随发动机转速的提高而迅速提高,发动机的动力不能完全传给驱动轮;当汽车满载上坡时,打滑较明显,严重时可闻到因摩擦衬片过热而产生的焦臭味。经维修人员检测,可能和离合器故障有关。本项目主要讲解了汽车离合器的基础知识,任务实施中包括了离合器主要机件的拆装及检查、离合器的调整。

【项目内容】

任务名称	主要内容
离合器的 基础知识	①离合器的作用; ②离合器的性能要求; ③离合器的形式; ④离合器的常见故障现象
离合器主要机件 的拆装及检测	①压盘的拆装及检测; ②膜片弹簧的拆装及检测; ③从动盘的拆装及检测; ④液压式操纵机构的检测
离合器的调整	①离合器踏板自由行程的调整; ②离合器分离杠杆高度的调整; ③液压式操纵机构的调整

【项目目标】

①了解离合器的功用、性能和类型。

②掌握典型离合器的构造、主要零件的检查与调整、离合器常见故障的诊断与排除。

③能够熟练使用游标卡尺、百分表、扭力扳手等工具。

④在操作过程中,树立学生常备不懈的安全操作意识,培养学生踏实、肯干、肯钻研的工作态度和良好的岗位职责意识。

⑤培养学生的环保意识,能对实训后的垃圾进行合理分类。

【知识储备】

一、离合器的基础知识

1.离合器的作用

（1）保证汽车平稳起步

汽车起步是从完全静止状态转变到行驶状态的过程,在发动机启动后汽车起步前,驾驶员用踏板将离合器分离,使发动机与传动系脱开,再将变速器挂上挡位,然后使离合器逐步结合。

（2）保证传动系换挡时工作平顺

换挡前必须将离合器分离,以便中断动力,换挡完毕后,再使离合器逐渐结合,以满足汽车各种工况的行驶需要。

（3）防止传动系过载

离合器的主从动部分之间的摩擦只能传递一定大小的扭矩（为发动机输出额定扭矩的1.4~2倍）,当惯性力矩超过此数值时,离合器将打滑,从而消除了传动系过载的可能。

2.离合器的性能要求

①能可靠地传递发动机的最大扭矩而不打滑。

②保证发动机与传动系结合平顺、柔和。

③保证发动机与传动系分离迅速、彻底。

④从动部分的转动惯量要尽可能小,以减少换挡时齿轮的冲击。

⑤具有良好的热稳定性,保证离合器工作可靠。

⑥操纵轻便、结构简单、维修方便。

3.摩擦式离合器类型及基本组成

（1）摩擦式离合器的分类

①按从动盘的数目分为单片式和双片式。

②按压紧弹簧的形式分为膜片弹簧式、多簧式和中央弹簧式。

③按操纵方式分为机械式、液压式和气压式。

（2）摩擦式离合器的基本组成

摩擦式离合器由主动部分、从动部分、压紧机构和操纵机构四个部分组成。

图1-1所示为膜片弹簧离合器结构。表1-1为常见车型离合器的踏板自由行程、

分离轴承与分离杠杆间隙。

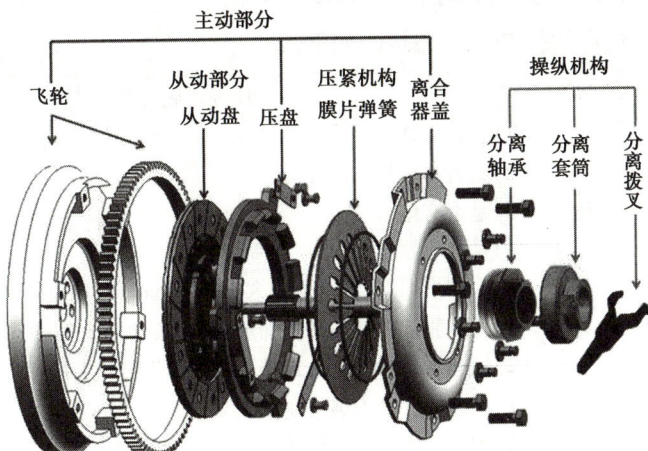

图 1-1　膜片弹簧离合器机构

表 1-1　常见车型离合器的踏板自由行程、分离轴承与分离杠杆间隙

车型	踏板自由行程/mm	分离轴承与分离杠杆间隙/mm
解放 CAQ091	25～35	2.7～3.8
东风 EQ1092	30～40	3～4
桑塔纳 2000	15～25	2.5

4.离合器常见故障

（1）离合器打滑

①当汽车起步时,完全放松离合器踏板,汽车不能起步或起步困难。

②汽车行驶中加速时,车速不能随发动机转速的提高而迅速提高,发动机的动力不能完全传给驱动轮,造成行驶无力。

③当满载上坡时,打滑较明显,严重时可闻到摩擦衬片过热而产生的焦臭味。

（2）离合器分离不彻底

①汽车起步时,将离合器踏板踩到底仍感到挂挡困难;虽然强行挂上挡,但不抬踏板汽车就往前移或造成发动机熄火。

②变速时挂挡困难,并伴有变速器齿轮撞击声。

（3）离合器发响

在使用离合器时,发出不正常响声,一种是在踏下踏板时发响;另一种是在放松踏板时发响。

（4）起步时离合器发抖

汽车起步时,缓抬离合器踏板,并缓踏下油门踏板,离合器接合不平稳而使车身产生明显振动,不能平稳起步。

二、离合器主要机件的拆装及调整检测

离合器主要机件的拆装及调整检测如下。

任务名称		任务实施过程
离合器主要机件的拆装及检测	1.压盘的检测	(1)是否有磨损 (2)是否有擦伤 (3)是否有龟裂 (4)是否有翘曲 (5)检测平面度(若平面度大于0.20 mm时,应进行更换)
	2.膜片弹簧的检测	(1)检测膜片弹簧与分离轴承接合处磨损深度、宽度 (2)检测螺旋弹簧自由长度及压缩至规定长度的弹力
	3.从动盘的检测	(1)摩擦衬片是否磨损变薄 (2)铆钉是否外露或松动 (3)摩擦衬片是否开裂、烧焦、硬化或有油污 (4)从动盘是否翘曲 (5)扭转减振器弹簧是否折断
	4.液压式操纵机构的检测	(1)检查操纵机构的液压管路是否漏油 (如果管路漏油,仔细清洁表面后,重新接合紧固。注意清洁时只能用制动液清洗,不可使用汽油或其他溶液,以防损坏软管。) (2)检查离合器总泵、分泵是否漏油 (如踏下离合器踏板后,离合器分离不彻底,可拆下总成件并分解,用制动液清洁后装复再试用;若因皮碗或活塞磨损造成漏油,则应更换总成件并排放空气。)
离合器的调整	1.离合器踏板自由行程的调整	(1)检测离合器踏板完全放松时的高度 (2)检测踩下踏板感到有阻力的高度 (3)检测离合器踏板自由行程 如图1-2所示,通过转动箭头的螺母来调整离合器踏板的自由行程 图1-2
	2.离合器分离杠杆高度的调整	检测离合器分离杠杆外端面到压盘工作面之间的距离 通过旋转分离杠杆调整螺母来改变分离杠杆的高度。调整螺母旋入,分离杠杆抬高;反之则降低
	3.液压式操纵机构的调整	通过转动主缸、工作缸推杆接头来改变推杆长度,即改变活塞与补偿孔的距离(反映到踏板上的行程为3~6 mm)和分离轴承与膜片弹簧分离指端的间隙(标准值为2.5 mm)。最后,反映到踏板上的总自由行程应为15~25 mm

【任务实施】

任务名称				
班级		姓名		
地点		日期		
小组成员				

一、任务准备

1.设备准备

实训车辆等。

2.工量具准备

维修手册、120 件套、百分表、游标卡尺、刀口尺、塞尺、手电筒等。

二、过程记录

	任务名称	任务要点记录	使用资源记录	本人角色
离合器主要机件的检查	1.压盘的检查			□安全员 □操作员 □记录员 □观察员
	2.膜片弹簧的检查			□安全员 □操作员 □记录员 □观察员

续表

任务名称		任务要点记录	使用资源记录	本人角色
离合器主要机件的检查	3.从动盘的检查			□安全员 □操作员 □记录员 □观察员
	4.液压式操纵机构的检查			□安全员 □操作员 □记录员 □观察员
离合器的调整	1.离合器踏板自由行程的调整			□安全员 □操作员 □记录员 □观察员
	2.离合器分离杠杆高度的调整			□安全员 □操作员 □记录员 □观察员
	3.液压式操纵机构的调整			□安全员 □操作员 □记录员 □观察员

【评价与考核】

序号	评分项目 考核内容	评分标准	配分 /分	扣分 /分
1	安全/7S/态度	□能进行工位 7S 操作(4 分) □能进行设备和工具安全检查(4 分) □能进行车辆安全防护操作(4 分) □能进行工具清洁、校准、存放操作(4 分) □能进行三不落地操作(4 分)	20	
2	专业技能能力	□能正确检查离合器压盘(5 分) □能正确检查并测量膜片弹簧(5 分) □能正确检查并测量从动盘(5 分) □能正确对液压式操纵机构进行检查、调整(5 分) □能正确对离合器踏板行程进行调整(5 分) □能正确对离合器分离杠杆高度进行调整(5 分)	30	
3	工具及设备的使用 数据记录	□能正确选用维修工具(5 分) □能正确使用维修工具(10 分) □能正确使用预紧式扭矩扳手(5 分) □能正确使用排气泵(20 分)	40	
4	表单填写与报告的 撰写能力	□字迹清晰(2 分) □语句通顺(2 分) □无错别字(2 分) □无涂改(2 分) □无抄袭(2 分)	10	
合计			100	

【实训报告单】

<table>
<tr><td colspan="6" align="center">实训报告单</td></tr>
<tr><td align="center">科目</td><td></td><td align="center">班级</td><td></td><td align="center">学生姓名</td><td></td></tr>
<tr><td align="center">实训项目</td><td colspan="5"></td></tr>
<tr><td align="center">实训任务</td><td colspan="5"></td></tr>
<tr><td align="center">实训器材</td><td colspan="5"></td></tr>
<tr><td align="center">实训内容</td><td colspan="5"></td></tr>
<tr><td align="center">体会或建议</td><td colspan="5"></td></tr>
<tr><td align="center">实训结果</td><td colspan="5">自评_____　　　互评_____　　　师评_____</td></tr>
</table>

指导教师_____　　　　　　　_____年____月____日

【作业】

一、填空题

1.摩擦离合器所能传递的最大转矩取决于摩擦面之间的_____。

2.在设计离合器时,除需保证传递发动机最大转矩外,还应满足_____及_____等性能要求。

3.摩擦离合器基本上是由_____、_____、_____和_____四个部分组成的。

4.摩擦离合器所能传递的最大转矩的数值取决于_____、_____、_____及_____四个因素。

5.为避免传动系产生共振,缓和冲击,在离合器上装有_____。

二、选择题(有一项或多项正确)

1.离合器的主动部分包括(　　　)。

  A.飞轮 　　　　　　B.离合器盖 　　　　C.压盘 　　　　　　D.摩擦片

2.离合器的从动部分包括(　　　)。

  A.离合器盖 　　　B.压盘 　　　　　　C.从动盘 　　　　　D.压紧弹簧

3.东风 EQ1090E 型汽车离合器的分离杠杆支点采用浮动销的主要目的是(　　　)。

  A.避免运动干涉 　　　　　　　B.利于拆装

  C.提高强度 　　　　　　　　　D.节省材料

4.离合器分离轴承与分离杠杆之间的间隙是为了(　　　)。

  A.实现离合器踏板的自由行程 　　B.减轻从动盘磨损

  C.防止热膨胀失效 　　　　　　　D.保证摩擦衬片磨损后离合器不失效

5.膜片弹簧离合器的膜片弹簧起到(　　　)的作用。

  A.压紧 　　　　　　　　　　　B.分离杠杆

  C.好看 　　　　　　　　　　　D.以上都不是

三、思维拓展

什么叫离合器踏板的自由行程?其过大或过小对离合器的性能有什么影响?

项目二｜变速器的拆装与检修

【项目描述】

　　一辆手动挡汽车在行驶过程中出现脱挡的现象,为保障行驶安全,需到4S店进行检修。维修人员了解该问题后,决定对变速器操纵机构和箱体进行检测。为了能顺利地完成该项目,将其分解为以下三个任务,分别是变速器的拆装、变速器的检测和变速箱油的更换。

【项目内容】

任务名称	主要内容
变速器的拆装	1.拆装工具的选用; 2.变速器的基本结构; 3.变速器的拆装
变速器的检测	1.检测工具的选用; 2.自锁装置的检查; 3.同步器的基本结构; 4.同步器的拆装; 5.同步器的测量
变速箱油的更换	1.变速箱油的选用; 2.变速箱油的更换

【项目目标】

　　①能正确选用检修的工量具。
　　②能掌握变速器的基本结构。
　　③能正确拆装变速器。
　　④能正确测量所需部位,并记录数据值。
　　⑤能正确查询所需资料,完成变速箱油的更换。

⑥在操作过程中,养成严格遵守安全操作规范的意识,学会安全文明生产。

【知识储备】

一、基础知识

1.变速器的作用

变速器的主要作用是变速、变矩,变向,中断动力传递,如图2-1所示。

2.变速器的分类

变速器按传动比的变化和操纵方式分类如图2-2所示。

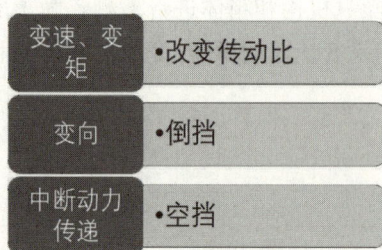

变速、变矩	• 改变传动比
变向	• 倒挡
中断动力传递	• 空挡

图2-1 变速器的作用

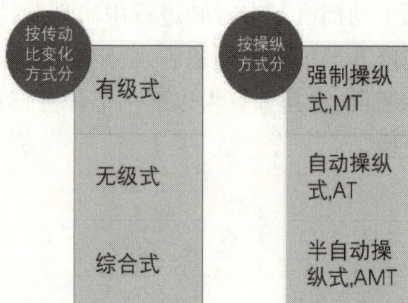

按传动比变化方式分	有级式
	无级式
	综合式

按操纵方式分	强制操纵式,MT
	自动操纵式,AT
	半自动操纵式,AMT

图2-2 变速器的分类

3.同步器

同步器是在结合套换挡机构的基础上发展起来的一种自动强制同步装置,其作用是使结合套和带啮合的齿圈迅速同步,以缩短换挡时间,并防止两者在同步之前相接触而产生齿间冲击。

二、操作方法

1.变速器小盖的拆卸及认识

变速器小盖上的换挡拉臂和选挡拉臂通过钢丝拉线与排挡杆相连,以执行换挡任务。

①拆卸小盖时一定要选择合适的套筒,切忌用比螺丝大的套筒拧螺丝。在拆螺丝时一定要按对角分两次拧下螺丝。

②识别小盖上的两个零部件(换挡拉臂、选挡拉臂),如图2-3所示。

2.变速器后盖的拆卸及检查

变速器后盖上有托架,可以固定到车架上。

①拆卸后盖选用合适的套筒,在拆螺丝时一定要按对角分两次拧下螺丝。

②拆下后盖后,观察后盖的结合部位是否平整,后油封是否老化漏油,放油螺丝是否完好,如图2-4所示。

图 2-3　变速器小盖

3.变速器前油封的拆卸及认识

前油封主要起密封作用,防止润滑油泄漏,如图 2-5 所示。

图 2-4　变速器后盖

图 2-5　前油封

4.变速器上盖的拆卸及认识

变速器上盖通过螺栓和壳体固定在一起。

①拆卸上盖应选用合适的套筒,在拆螺丝时一定要按先拆两边、再拆中间的原则,按对角分两次拧下螺丝。

②识别倒挡、五挡拨叉,一、二挡拨叉,三、四挡拨叉。

③知道自锁装置、互锁装置的作用,并掌握自锁装置和互锁装置的结构,如图 2-6所示。

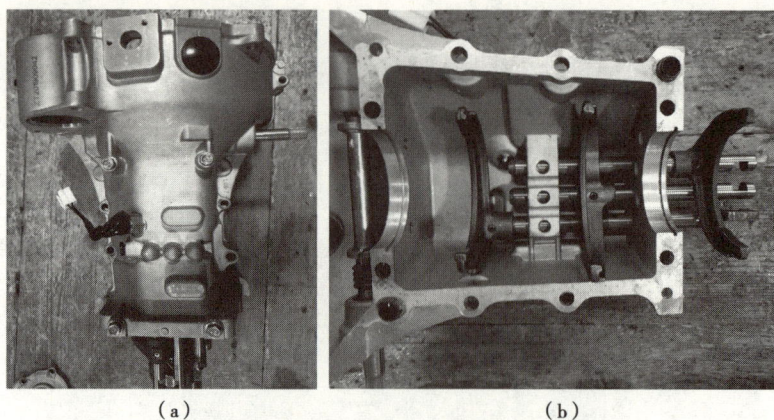

（a） （b）

图 2-6 变速器上盖

5.变速器壳体的拆卸及认识

变速器壳体上有中间轴、倒挡惰轮轴、倒挡惰轮和输入、输出轴,如图 2-7 所示。

（a）壳体

（b）输入输出轴

图 2-7 变速器壳体

- 中间轴上有:一挡齿轮、二挡齿轮、三挡齿轮、四挡齿轮、五挡齿轮。
- 输入轴上有:油封、支撑轴承、四挡齿轮。
- 输出轴上有:(三、四挡)同步器,三挡齿轮,二挡齿轮,(一、二挡)同步器,一挡齿轮,支撑轴承,倒挡齿轮,(倒挡、五挡)同步器,五挡齿轮,支撑轴承,里程表主动齿轮。

6.变速器的组装

变速器的组装按照"先拆的后装、后拆的先装"的原则,依次安装。

注意:在安装输入轴和输出轴时一定要注意齿轮、同步器的顺序和方向,不要装反。

7.变速器的检测

(1)滑块间歇的测量

同步器的滑块起导向的作用,需要测量侧面间隙,如图 2-8 所示,其具体测量表见表 2-1。

图 2-8　滑块间歇

表 2-1　滑块间歇的测量表

滑块间歇				
	测量值	标准值	是否正常	处理意见
一			正常□ 不正常□	维修□更换□
二			正常□ 不正常□	维修□更换□
三			正常□ 不正常□	维修□更换□

(2)锁环间歇的测量

锁环在同步的过程中起到非常重要的作用,需要检查侧面间隙,如图 2-9 所示,其具体测量表见表 2-2。

图 2-9   锁环间歇

表 2-2   同步环间歇测量表

同步环间歇				
	测量值	标准值	是否正常	处理意见
一挡			正常☐ 不正常☐	维修☐更换☐
二挡			正常☐ 不正常☐	维修☐更换☐
三挡			正常☐ 不正常☐	维修☐更换☐
四挡			正常☐ 不正常☐	维修☐更换☐
五挡			正常☐ 不正常☐	维修☐更换☐

8.变速箱油的更换

①检查车辆环境。

②安装车轮挡块,防止车辆滑动,如图 2-10 所示。

图 2-10   车轮挡块

③拆卸并清洁放油螺栓,释放变速箱油,如图 2-11 所示。

④按维修手册拧紧放油螺栓。

⑤拆卸注油螺栓，如图 2-12 所示。

图 2-11　放油螺栓

图 2-12　注油螺栓

⑥按维修手册要求，加注变速箱油。

⑦拧紧注油螺栓。

变速箱油的更换记录见表 2-3。

表 2-3　变速箱油的更换记录

1.车辆信息记录					
品牌		整车型号		生产日期	
发动机型号		发动机排量		行驶里程	
车辆识别码					

2.手动变速箱油液检查					
检查项目	液位检查情况	检查结果	检查项目	检查情况	检查结果
油液	太低□　太高□ 无□	正常□ 异常□	变速箱油质	合格□ 不合格□	正常□ 异常□

3.手动变速箱油泄漏检查			
检查项目	泄漏检查情况	泄漏部件名称	维修措施
手动变速箱油	泄漏□　正常□	前半轴油封	更换□　调整□　紧固□　无□

4.查询用户手册和维修手册，完成手动变速箱油的更换		
作业项目	维修资料	
手动变速箱油更换	变速箱油类型	变速箱油更换周期
	变速箱油容量	放油螺栓扭力

【任务实施】

任务名称			
班级		姓名	
地点		日期	
小组成员			

一、任务准备

1.设备耗材准备

手动变速器、东风轻卡车、千斤顶、车轮挡块、安全凳等。

2.工量具准备

120件套、橡胶锤、卡簧钳、塞尺等。

二、过程记录

任务名称	任务要点记录	使用资源记录	本人角色
变速器的拆装			□安全员 □操作员 □记录员 □观察员
变速器的检测			□安全员 □操作员 □记录员 □观察员
变速箱油的更换			□安全员 □操作员 □记录员 □观察员

【评价与考核】

序号	作业项目	考核内容	评分标准	配分/分	扣分/分
1	作业安全职业操守	能进行工位 7S 操作	□整理、整顿(1分) □清理、清洁(1分) □素养、节约(1分) □安全(1分)	4	
		能进行设备和工具安全检查	□检查作业所需要的工具设备是否完备(1分) □检查作业环境是否配备灭火器(1分)	2	
		能进行工具清洁校准存放操作	□使用工具前对工具、量具进行校准(1分) □使用工具后对工具、量具进行清洁(1分) □作业完成后对工具进行复位(1分)	3	
		能进行三不落地操作	□作业过程做到油液不落地(1分) □作业过程做到水液不落地(1分) □作业过程做到工具不落地(1分)	3	
2	外壳部分拆卸及认识	小盖的拆卸及认识	□正确拆卸小盖(1分) □识别换挡拉臂(1分) □识别选挡拉臂(1分)	3	
		后盖的拆卸及认识	□正确拆卸轴承盖(1分) □识别后盖(1分) □识别里程表从动齿轮(1分)	3	
		前油封的拆卸及认识	□正确拆卸调整螺丝(1分) □识别前油封(1分)	2	
		上盖的拆卸及认识	□正确拆卸上盖(1分) □识别上盖(1分) □识别拨叉轴(1分) □识别拨叉(1分)	4	
		壳体的拆卸及认识	□正确拆卸壳体(1分) □识别中间轴(1分) □识别倒挡惰轮轴(1分) □识别倒挡惰轮(1分)	4	

续表

序号	作业项目	考核内容	评分标准	配分/分	扣分/分
3	输入、输出轴的拆卸及认识	里程表主动齿轮的拆卸及认识	□正确拆卸里程表主动齿轮(1分) □识别里程表主动齿轮(1分)	2	
		五挡齿轮的拆卸及认识	□正确拆卸五挡齿轮(1分) □识别五挡齿轮(1分)	2	
		五挡、倒挡同步器的拆卸及认识	□正确拆卸五挡、倒挡同步器(1分) □识别五挡、倒挡同步器(1分)	2	
		倒挡齿轮的拆卸及认识	□正确拆卸倒挡齿轮(1分) □识别倒挡齿轮(1分)	2	
		支撑轴承的拆卸及认识	□正确拆卸支撑轴承(1分) □识别支撑轴承(1分)	2	
		一挡齿轮的拆卸及认识	□正确拆卸一挡齿轮(1分) □识别一挡齿轮(1分)	2	
		一挡、二挡同步器	□正确拆卸一挡、二挡同步器(1分) □识别一挡、二挡同步器(1分)	2	
		二挡齿轮的拆卸及认识	□正确拆卸二挡齿轮(1分) □识别二挡齿轮(1分)	2	
		输出轴的拆卸及认识	□正确拆卸输出轴(1分) □识别输出轴(1分)	2	
		三挡齿轮的拆卸及认识	□正确拆卸三挡齿轮(1分) □识别三挡齿轮(1分)	2	
		三挡、四挡同步器的拆卸及认识	□正确拆卸三挡、四挡同步器(1分) □识别三挡、四挡同步器(1分)	2	
		四挡齿轮(输入轴)的拆卸及认识	□正确拆卸四挡齿轮(输入轴)(1分) □识别四挡齿轮(输入轴)(1分)	2	

续表

序号	作业项目	考核内容	评分标准	配分/分	扣分/分
4	变速器的组装	变速器的整体组装	□正确安装四挡齿轮(输入轴)(1分) □正确安装三挡、四挡同步器(1分) □正确安装三挡齿轮(1分) □正确安装输出轴(1分) □正确安装二挡齿轮(1分) □正确安装一挡、二挡同步器(1分) □正确安装一挡齿轮(1分) □正确安装支撑轴承的拆卸及认识(1分) □正确安装倒挡齿轮(1分) □正确安装五挡齿轮(1分) □正确安装里程表主动齿轮(1分) □正确安装变速器上盖(1分) □正确安装前油封(1分) □正确安装后盖(1分) □正确安装小盖(1分)	15	
5	变速器的检测	自锁装置的拆卸及认识	□正确拆卸自锁装置(1分) □识别自锁装置(1分)	2	
		同步器的拆卸及认识	□正确拆卸同步器(1分) □识别同步器结合套(1分) □识别同步器滑块(1分) □识别同步器固定钢丝(钢丝圈)(1分) □识别同步器齿轮毂(1分)	5	
		锁环间歇的测量	□正确测量(1分)	1	
		同步器滑块的测量	□正确测量(1分)	1	
6	变速箱油的更换	目视检查手动变速箱油液	□检查手动变速箱油液位(1分) □检查手动变速箱油油质(1分)	2	
		检查手动变速箱油泄漏情况	□检查手动变速箱油泄漏情况(1分)	1	
		更换手动变速箱油	□确认手动变速箱油及与车辆匹配(1分) □确认车辆安全稳定(1分) □排放手动变速箱油(1分)	3	
		回收变速箱油	□回收变速箱油(1分)	1	

续表

序号	作业项目	考核内容	评分标准	配分/分	扣分/分
7	信息录入资料应用资讯检索	能正确使用维修手册查询资料	□查询变速器螺栓拧紧力矩(1分) □查询放油螺栓拧紧力矩(1分) □查询变速箱油基本信息(1分) □查询锁环间歇标准值(1分) □查询同步器滑块间歇标准值(1分)	5	
		能在规定时间内查询所需资料	□能在规定时间内查询所需资料(2分)	2	
		能正确记录所需维修信息	□能正确记录所需维修信息(2分)	2	
8	工具及设备的使用能力	岗位所需工具设备的使用能力	□能正确选用维修工具(2分) □能正确使用维修工具拆装(2分) □能正确使用预置式扭力扳手(2分) □能正确使用塞尺(2分)	8	
合计				100	

【实训报告单】

<table>
<tr><td colspan="6" align="center">实训报告单</td></tr>
<tr><td align="center">科目</td><td></td><td align="center">班级</td><td></td><td align="center">学生姓名</td><td></td></tr>
<tr><td align="center">实训项目</td><td colspan="5"></td></tr>
<tr><td align="center">实训任务</td><td colspan="5"></td></tr>
<tr><td align="center">实训器材</td><td colspan="5"></td></tr>
<tr><td align="center">实训内容</td><td colspan="5"></td></tr>
<tr><td align="center">体会或建议</td><td colspan="5"></td></tr>
<tr><td align="center">实训结果</td><td colspan="5">自评＿＿＿＿＿＿＿＿　　　　互评＿＿＿＿＿＿＿＿　　　　师评＿＿＿＿＿＿＿＿</td></tr>
</table>

指导教师＿＿＿＿＿＿＿＿＿＿＿＿＿　　　　　　　　　　　　　　　＿＿＿＿年＿＿＿月＿＿＿日

【作业】

一、填空题

1.三轴式齿轮变速器的_____为输出轴。

2.一对啮合齿轮的传动比是其从动齿轮与主动齿轮的_____之比。

3.手动变速器的润滑方式一般采用_____。

4.用来确保输出轴和变速齿轮锁在一起同速转动的部件称为_____。

5.汽车的最大爬坡度是指汽车挂_____挡时的最大爬坡度。

二、选择题

1.手动变速器的英文是(　　　)。

　　A.RT　　　　　　B.AT　　　　　　C.MT　　　　　　D.PT

2.自动变速器的英文是(　　　)。

　　A.FT　　　　　　B.MT　　　　　　C.AT　　　　　　D.ET

3.日常生活中,很多维修师傅讲到的牙箱是指(　　　)。

　　A.自动变速器　　B.主减速器　　　C.手动变速器　　D.车轮

4.日常生活中,很多维修师傅讲到的波箱是指(　　　)。

　　A.后备厢　　　　B.自动变速器　　C.机仓　　　　　D.发动机

5.手动变速器车辆起步,挂(　　　)挡。

　　A.空　　　　　　B.1　　　　　　　C.倒　　　　　　D.4

三、思维拓展

分别计算一挡和四挡的传动比。

项目三 | 万向传动装置的拆装与检修

【项目描述】

　　一位车主描述汽车出现方向盘往左转到底后,踩加速踏板发出"咯噔咯噔"声的故障情况。维修人员了解到该问题后,决定对万向传动装置进行检查。为了能顺利完成该项目,将其分解为以下两个任务:球笼式万向传动装置的检查与维护、十字轴式万向传动装置的拆装与维护。

【项目内容】

任务名称	主要内容
球笼式万向传动装置的 检查与维护	①举升机的使用; ②球笼式万向传动装置的基本结构; ③球笼式万向传动装置的维护
十字轴式万向传动装置的 拆装与维护	①工具的选用; ②十字轴式万向传动装置的基本结构; ③十字轴式万向传动装置的拆装; ④十字轴式万向传动装置的维护

【项目目标】

　　①能正确选用检修的工量具。
　　②能掌握万向传动装置的基本结构。
　　③能正确拆装十字轴式万向传动装置。
　　④能正确查询所需资料,完成万向传动装置的维护。
　　⑤在操作过程中,养成严格遵守安全操作规范的意识,学会安全文明生产。

【知识储备】

一、万向传动装置的基础知识

1. 万向传动装置的作用

万向传动装置是用来在工作过程中为相对位置不断改变的两根轴间传递动力的装置,其作用是连接不在同一直线上的变速器输出轴和主减速器输入轴,并保证在两轴之间的夹角和距离经常变化的情况下,仍能可靠地传递动力。

2. 万向传动装置的组成

万向传动装置一般由万向节和传动轴组成,有的还有中间支承。

3. 万向节

万向节即万向接头,是实现变角度动力传递的机件,用于需要改变传动轴线方向的位置,它是汽车驱动系统的万向传动装置的"关节"部件。万向节与传动轴组合,称为万向节传动装置。万向节的分类如图 3-1 所示。

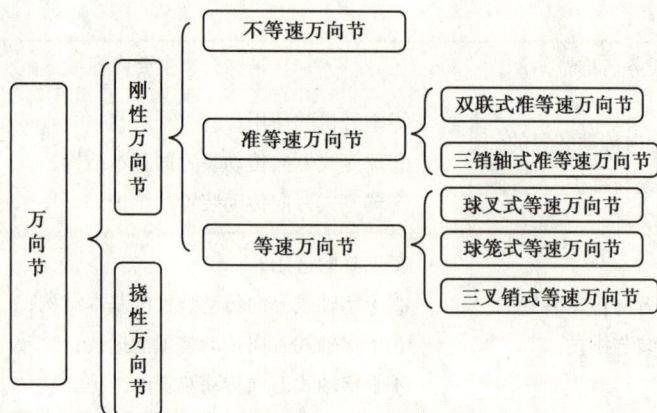

图 3-1 万向节分类

（1）不等速万向节（常用的为十字轴式）

十字轴式刚性万向节为汽车上广泛使用的不等速万向节,它允许相邻两轴的最大交角为 15°～20°,如图 3-2 所示。十字轴万向节由一个十字轴、两个万向节叉和四个滚针轴承组成。两个万向节叉分别套在十字轴的相对轴颈上。当主动轴旋转时,从动轴既可以随之转动,又可以绕十字轴中心在任意方向摆动,这样就适应了夹角和距离同时变化的需要。为了润滑轴承,十字轴上一般装有注油嘴,并有油路通向轴颈。润滑油可以从注油嘴注入到十字轴轴颈的轴承座圈处。十字轴刚性万向节具有结构简单、传动效率高的优点,但是在两轴交角不为零的情况下,不能传递等角速转动。

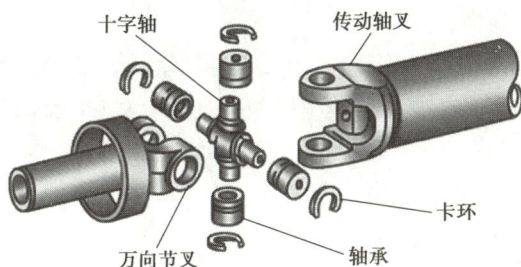

图 3-2　十字轴式刚性万向节

等速传递的条件是：

①第一万向节两轴间夹角与第二万向节两轴间夹角相等。

②第一万向节从动叉与第二万向节主动叉处于同一平面。

（2）球笼式等速万向节

球笼式等速万向节又分为固定球笼式万向节和伸缩式球笼式万向节两种。球笼式等速万向节分解图如图 3-3 所示。

球笼式等速万向节由球形壳、保持架、星形套、钢球等组成。星形套以内花键与主动轴相连，外表面有六条凹槽形成内滚道。球形壳内表面有相应凹槽形成外滚道，六个钢球分别装于各条凹槽中，并由保持架保持在一个平面内。

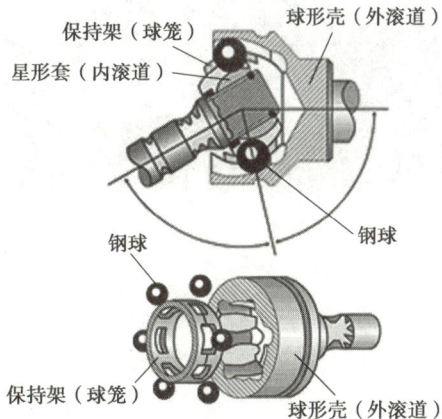

图 3-3　球笼式等速万向节

4.传动轴

（1）传动轴的作用

传动轴是汽车传动系中传递动力的重要部件，如图 3-4 所示。它的作用是与变速箱、驱动桥一起将发动机的动力传递给车轮，使汽车产生驱动力。

图 3-4　传动轴

（2）传动轴的构造

传动轴是由轴管、伸缩套和万向节组成。伸缩套能自动调节变速器与驱动桥之间距离的变化。万向节是保证变速器输出轴与驱动桥输入轴两轴线夹角的变化，并实现两轴的等角速传动。

传动轴多做成空心的，在轻型或中型货车上，一般用厚度为 1.5～3.0 mm 的薄钢板卷焊而成。中、重型货车的传动轴直接采用无缝钢管。在转向驱动桥的万向传动装置中，传动轴通常做成实心轴。

二、操作方法

1.球笼式万向传动装置的检查与维护

①安装车轮垫块，如图 3-5 所示。

②用举升机稍稍顶起。

③检查举升支点，如图 3-6 所示。

图 3-5 车轮垫块

图 3-6 举升支点

④把车稍稍举离地面。

⑤检查车辆是否平稳，如图 3-7 所示。

⑥把车举升到适当位置，如图 3-8 所示。

图 3-7 检车车辆平稳性

图 3-8 举升车辆

⑦检查半轴球笼防尘套,如图3-9所示。

图3-9 防尘套

⑧检查半轴球笼润滑状态。

⑨用举升机放下汽车。

注意:操作举升机时注意附近人员的安全。

2.十字轴式万向传动装置的拆装与养护

①检查车辆状况,安装车轮挡块,如图3-10所示。

②检查底盘有无异物。

③拆卸传动轴与主减速器的连接螺栓,如图3-11所示。

图3-10 车轮挡块

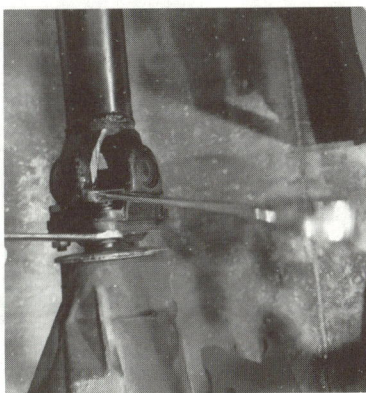

图3-11 连接螺栓

④拔出传动轴,如图3-12所示。

⑤拆卸伸缩节的连接螺栓。

⑥取下伸缩节,如图 3-13 所示。

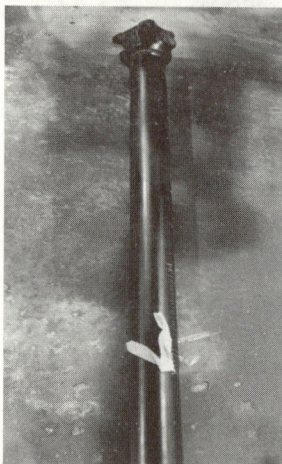

图 3-12　传动轴

图 3-13　伸缩节

⑦安装伸缩节。

⑧安装传动轴。

⑨添加润滑脂,如图 3-14 所示。

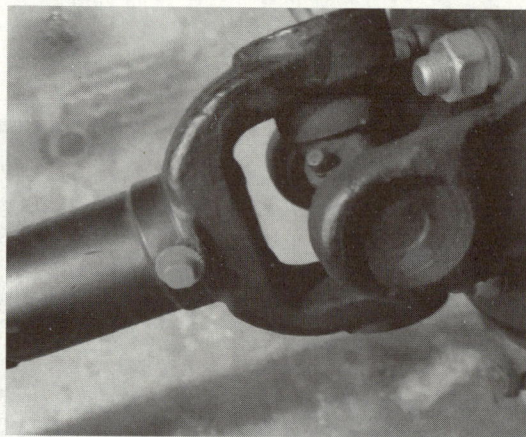

图 3-14　注油孔

⑩清洁、整理工位。

球笼式万向传动装置的检查与维护记录见表 3-1。

表 3-1　球笼式万向传动装置的检查与维护记录

1.车辆信息记录					
品牌		整车型号		生产日期	
发动机型号		发动机排量		行驶里程	
车辆识别码					

2.球笼检查			
检查项目	检查情况	检查结果	维修措施
防尘罩	老化□　开裂□　无□	正常□　异常□	更换□　无□
润滑脂	泄漏□　消耗□	正常□　异常□	添加□　无□

【任务实施】

项目名称			
班级		姓名	
地点		日期	
小组成员			

一、任务准备

1.设备耗材准备

举升机、悦翔汽车、东风轻卡车、千斤顶、安全凳、车轮挡块、黄油、电筒等。

2.工量具准备

120 件套、橡胶锤等。

二、过程记录

活动名称	任务要点记录	使用资源记录	本人角色
球笼式万向传动装置的检查与维护			□安全员 □操作员 □记录员 □观察员
十字轴式万向传动装置的拆装与维护			□安全员 □操作员 □记录员 □观察员

【评价与考核】

序号	作业项目	考核内容	评分标准	配分/分	扣分/分
1	作业安全职业操守	能进行工位 7S 操作	□整理、整顿(4分) □清理、清洁(4分) □素养、节约(4分) □安全(4分)	16	
		能进行设备和工具安全检查	□检查作业所需要的工具设备是否完备(2分) □检查作业环境是否配备灭火器(2分)	4	
		能进行工具清洁校准存放操作	□使用工具前对工具、量具进行校准(4分) □使用工具后对工具、量具进行清洁(4分) □作业完成后对工具进行复位(4分)	12	
		能进行三不落地操作	□作业过程做到油液不落地(4分) □作业过程做到水液不落地(4分) □作业过程做到工具不落地(4分)	12	
2	专业技能	球笼式万向传动装置的检查与维护	□能正确查询半轴防尘套更换方法(4分) □能正确查询球笼万向节拆装方法(4分) □能正确查询内外球笼结构图(4分) □能正确查询球笼套齿轮油类型(4分) □能正确加注润滑脂(4分)	20	
		十字轴式万向传动装置的拆装与维护	□能正确拆卸传动轴(4分) □能正确加注润滑脂(4分) □能正确安装传动轴(4分)	12	
3	信息录入资料应用资讯检索	能正确使用维修手册查询资料	□能正确使用维修手册(4分)	4	
		能在规定时间内查询所需资料	□能在规定时间内查询所需资料(4分)	4	
		能正确记录所需维修信息	□能正确记录所需维修信息(4分)	4	
4	工具及设备的使用能力	岗位所需工具设备的使用能力	□能正确选用维修工具(4分) □能正确使用维修工具进行拆装(4分) □能正确使用举升机(4分)	12	
合计				100	

【实训报告单】

实训报告单				
科目		班级		学生姓名
实训项目				
实训任务				
实训器材				
实训内容				
体会或建议				
实训结果	自评_____　　　互评_____　　　师评_____			

指导教师_____　　　　　　　　　　____年___月___日

【作业】

一、填空题

1.万向传动装置一般由_____和_____组成,有时还加装中间支承。

2.刚性万向节又分为不等速万向节、准等速万向节、_____。

3._____刚性万向节为汽车上广泛使用不等速万向节,允许相邻两轴的最大交角为 15°~20°。

4.传动轴多做成_____的,一般用厚度为 1.5~3.0 mm 的薄钢板卷焊而成。

5.传动轴是由轴管、伸缩套和_____组成。

二、选择题

1.在发动机前置、后轮驱动的汽车传动系中,一般采用的是(　　　)万向节。

    A.普通刚性十字轴　　　　　　　　B.准等速

    C.等速　　　　　　　　　　　　　　D.球叉式

2.汽车万向传动装置的十字轴万向节主要由十字轴、万向节叉和(　　　)组成。

    A.套筒　　　　B.滚针　　　　C.套筒和滚针　　　D.双联叉

3.为了提高传动轴的强度和刚度,传动轴一般都做成(　　　)。

    A.空心的　　　　B.实心的　　　　C.半空半实的　　　D.无所谓

4.双十字轴式万向节实现等速传动的前提条件之一是(　　　)。(设 α_1 为第一万向节两轴间夹角,α_2 为第二万向节两轴间的夹角)

    A.$\alpha_1 = \alpha_2$　　　　B.$\alpha_1 > \alpha_2$　　　　C.$\alpha_1 < \alpha_2$　　　　D.α_1 与 α_2 无关

5.等速万向节的作用是将(　　　)输出的动力传递给驱动轮。

    A.变速器　　　　B.差速器　　　　C.分动器　　　　D.减速器

三、思维拓展

十字轴万向节两周间角等速传动的条件是什么?

项目四｜后驱传动系统的拆装与检修

【项目描述】

一辆汽车出现主减速器漏油的情况，为保障其行驶安全，需到 4S 店进行检修。经检查，维修人员决定对主减速器进行拆卸，并做检测。本项目包含以下三个任务，分别是主减速器的拆装、主减速器的测量和主减速器油的更换。

【项目内容】

任务名称	主要内容
主减速器的拆装	①拆装工具的选用； ②主减速器的基本结构； ③主减速器的拆装
主减速器的测量	①量具的选用； ②磁性表座和百分表的使用； ③数据的测量和记录
主减速器油的更换	①工具的选用； ②资料的查询； ③主减速油的更换

【项目目标】

①能正确选用拆装的工量具。
②能掌握主减速器的基本结构。
③能正确使用工量具。
④能正确拆装主减速器。
⑤能正确测量所需部位，并记录数据值。
⑥能正确查询手册，更换主减速器油。
⑦在操作过程中，养成严格遵守安全操作规范的意识，学会安全文明生产。

【知识储备】

一、主减速器的基础知识

1.主减速器的作用

主减速器是传动系的一部分,它的作用是将动力传递的方向改变 90°（当发动机纵置时）,并将转速降低,转矩增大。

2.主减速器的结构

主减速器由一对大小啮合斜齿轮构成,小齿轮与输出轴自成一体,大齿轮由铆钉与差速器的外壳连在一起,并与差速器同装于驱动壳体内,主减速的结构如图 4-1 所示。

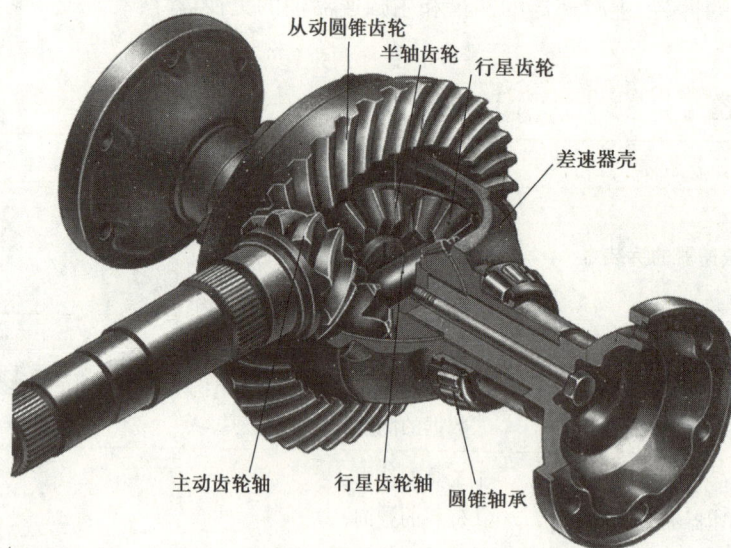

图 4-1　主减速的结构

二、差速器的基础知识

1.差速器的作用

差速器的功用是将主减速器的动力传给左右两个半轴,并在必要时允许两个半轴以不同的转速旋转,以满足两车轮差速的要求。

2.差速器的组成

普通差速器由行星齿轮、行星轮架（差速器壳）、半轴齿轮等零件组成。

三、操作方法

1.主减速器的拆装

（1）轴承部分的拆装及认识

①选用合适的工具拆下锁止螺丝，并取下锁止垫片。

注意：拆螺丝时一定要分两次拧下螺丝，如图4-2所示。

②用专用工具取下调整螺丝，如图4-3所示。

图4-2　锁止垫片

图4-3　调整螺丝

③在轴承盖上面打上记号（防止轴承盖装反），再取下轴承盖，如图4-4所示。

④取出差速器部分，如图4-5所示。

图4-4　轴承盖

图4-5　差速器

⑤取下钢碗,如图 4-6 所示。

图 4-6　钢碗

⑥选用合适的工具拆下连接凸缘螺丝,如图 4-7 所示。

⑦取出主动圆锥齿轮和上面的衬套,如图 4-8 所示。

图 4-7　连接凸缘螺丝

图 4-8　主动圆锥齿轮

⑧选用合适的工具拆下从动圆锥齿轮上面的螺丝(注意:拆螺丝时一定要按对角分两次拧下螺丝),如图 4-9 所示。

⑨取下从动圆锥齿轮,注意检查从动圆锥齿轮的齿面是否有缺损,如图 4-10 所示。

图 4-9　从动圆锥齿螺栓

图 4-10　从动圆锥齿轮

⑩拆下行星齿轮轴，如图 4-11 所示。

⑪取出行星齿轮，如图 4-12 所示。

图 4-11　行星齿轮轴

图 4-12　行星齿轮

⑫取出半轴齿轮，如图 4-13 所示。

图 4-13　半轴齿轮

（2）主减速器的组装

主减速器的组装按照"先拆的后装，后拆的先装"的原则，依次安装。

注意：

①轴承盖、壳体必须配对安装。

②轴承盖连接螺栓和调整大螺母只是拧到一定的位置，不要拧紧。

（3）预紧度的调整

● 调整方法

通过左、右侧的调整大螺母来调整。旋入调整大螺母，轴承预紧度变大；反之，轴承预紧度变小。

● 调整步骤

首先，将一侧的调整大螺母拧紧到底；然后，将另一侧的调整大螺母拧紧到底，再旋回约1/4圈；最后，检测并反复调整轴承预紧度，直至符合技术要求。

2.测量方法

（1）主、从动圆锥齿轮啮合间隙的测量

①组装磁性表座，如图4-14所示。

②组装百分表，如图4-15所示。

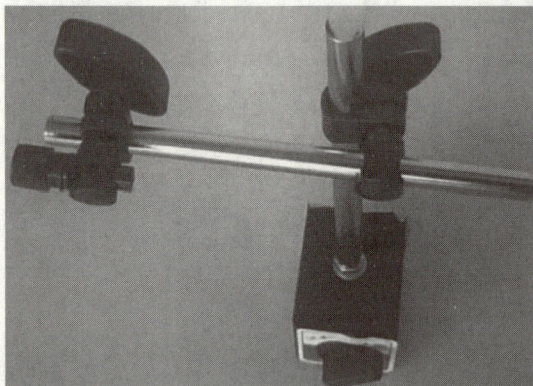

图4-14 组装磁性表座

图4-15 组装百分表

③将磁性表座测量部位压在从动圆锥齿合适部位，如图4-16所示，并压缩测量头，使小指针位于1~2 mm，如图4-17所示。

图 4-16　测量头压在合适部位

图 4-17　小指针压缩在 1~2 mm

④轻轻转动从动圆锥齿轮,记录数据。重复测量均布至少 3 个位置,并将测量结果记录在表 4-1 中。

表 4-1　测量主、从动圆锥齿轮啮合间隙

	测量值/mm	标准值/mm	是否正常	处理意见
位置 1			正常□ 不正常□	维修□ 更换□
位置 2			正常□ 不正常□	维修□ 更换□
位置 3			正常□ 不正常□	维修□ 更换□

(2)从动圆锥齿轮偏摆量的测量

①组装磁性表座,如图 4-18 所示。

②组装百分表,如图 4-19 所示。

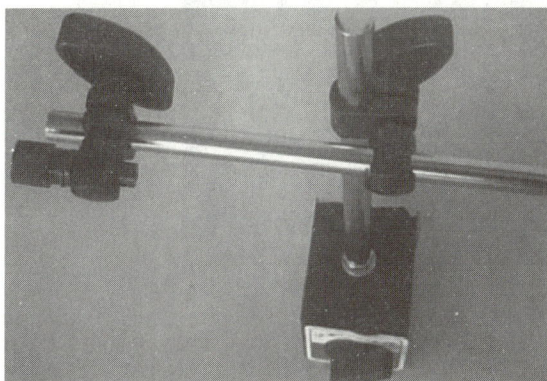

图 4-18　组装磁性表座

图 4-19　组装百分表

③将磁性表座测量部位压在从动圆锥齿齿根合适部位,如图 4-20 所示,并压缩测量头,使小指针位于 1~2 mm,如图 4-21 所示。

图 4-20　测量头压在合适部位

图 4-21　小指针压缩在 1~2 mm

④轻轻转动驱动法兰,使从动圆锥齿轮旋转一周,并记录数据;重复测量至少 3 次,并记录数据(表 4-2)。

表 4-2　从动圆锥齿轮偏摆量记录表

	测量值/mm	标准值/mm	是否正常	处理意见
第一次			正常□ 不正常□	维修□ 更换□
第二次			正常□ 不正常□	维修□ 更换□
第三次			正常□ 不正常□	维修□ 更换□

3.主减速油的更换

①拆卸放油螺栓,释放废油,如图 4-22 所示。

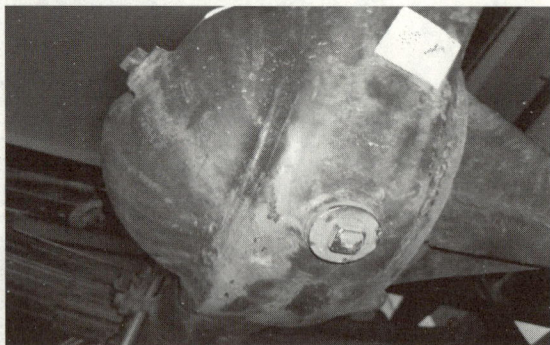

图 4-22　放油螺栓

②查询维修手册,按要求拧紧放油螺栓。

③拆卸注油螺栓,并加注主减速器油,如图 4-23 所示。

图 4-23　注油螺栓

④拧紧注油螺栓。

【任务实施】

项目名称			
班级		姓名	
地点		日期	
小组成员			

一、任务准备

1.设备耗材准备
主减速器、东风轻卡车、千斤顶、安全凳、齿轮油等。

2.工量具准备
120 件套、橡胶锤、卡簧钳、磁性表座、百分表等。

二、过程记录

活动名称	任务要点记录	使用资源记录	本人角色
主减速器的拆装			□安全员 □操作员 □记录员 □观察员
差速器的拆装			□安全员 □操作员 □记录员 □观察员
主减速器的测量			□安全员 □操作员 □记录员 □观察员

【评价与考核】

序号	作业项目	考核内容	评分标准	配分/分	扣分/分
1	作业安全职业操守	能进行工位 7S 操作	□整理、整顿(1分) □清理、清洁(1分) □素养、节约(1分) □安全(1分)	4	
		能进行设备和工具的安全检查	□检查作业所需要的工具设备是否完备(1分) □检查作业环境是否配备灭火器(1分)	2	
		能进行工具清洁、校准存放操作	□使用工具前对工具、量具进行校准(1分) □使用工具后对工具、量具进行清洁(1分) □作业完成后对工具进行复位(1分)	3	
		能进行三不落地操作	□作业过程做到油液不落地(1分) □作业过程做到水液不落地(1分) □作业过程做到工具不落地(1分)	3	
2	轴承部分拆卸及认识	锁止垫片的拆卸及认识	□正确拆卸锁止垫片(2分) □识别锁止螺丝(2分)	4	
		轴承盖的拆卸及认识	□正确拆卸轴承盖(2分) □识别轴承盖(2分)	4	
		调整螺丝的拆卸及认识	□正确拆卸调整螺丝(2分) □识别调整螺丝(2分)	4	
3	齿轮部分拆卸及认识	连接凸缘的拆卸及认识	□正确拆卸连接凸缘(2分) □识别连接凸缘(2分)	4	
		主动圆锥齿的拆卸及认识	□正确拆卸主动圆锥齿(2分) □识别主动圆锥齿(2分)	4	
		从动圆锥齿的拆卸及认识	□正确拆卸从动圆锥齿(2分) □识别从动圆锥齿(2分)	4	
4	差速器部分的拆卸及认识	行星齿轮轴的拆卸及认识	□正确拆卸行星齿轮轴(2分) □识别行星齿轮轴(2分)	4	
		行星齿轮的拆卸及认识	□正确拆卸行星齿轮(2分) □识别行星齿轮(2分)	4	
		半轴齿轮的拆卸及认识	□正确拆卸行星齿轮(2分) □识别半轴齿轮(2分)	4	

续表

序号	作业项目	考核内容	评分标准	配分/分	扣分/分
5	主减速器的组装	主减速器的整体组装	☐正确安装半轴齿轮(3分) ☐正确安装行星齿轮(3分) ☐正确安装行星齿轮轴(2分) ☐正确安装从动圆锥齿轮(2分) ☐正确安装主动圆锥齿轮(2分) ☐正确安装连接凸缘(2分) ☐正确安装轴承盖(2分) ☐正确安装调整螺丝(2分) ☐正确安装锁止垫片(2分)	20	
6	主减速器的测量	磁力表座、百分表的组装	☐正确组装磁性表座(2分) ☐正确组装百分表(2分)	4	
		百分表的测量	☐正确使用百分表进行测量(2分)	2	
		百分表读数	☐正确读数(2分)	2	
		数据记录	☐正确记录数据(2分)	2	
7	信息录入、资料应用、资讯检索	能正确使用维修手册查询资料	☐查询从动圆锥齿轮连接螺栓拧紧力矩(2分) ☐查询主动圆锥齿轮螺栓拧紧力矩(2分) ☐查询从动圆锥齿轮偏摆量标准值(2分) ☐查询主、从动圆锥齿轮啮合间歇标准值(2分) ☐查询主、从动圆锥齿轮啮合间歇极限值(2分)	10	
		能在规定时间内查询所需资料	☐能在规定时间内查询所需资料(1分)	1	
		能正确记录所需维修信息	☐能正确记录所需维修信息(1分)	1	
8	工具及设备的使用	岗位所需工具设备的使用	☐能正确选用维修工具(2分) ☐能正确使用维修工具拆装(2分) ☐能正确使用预置式扭力扳手(2分) ☐能正确使用磁性表座(2分) ☐能正确使用百分表(2分)	10	
合计				100	

【实训报告单】

实训报告单				
科目		班级		学生姓名
实训项目				
实训任务				
实训器材				
实训内容				
体会或建议				
实训结果	自评_____	互评_____		师评_____

指导教师_____　　　　　　　　　　　____年____月____日

【作业】

一、填空题

1.汽车在转弯时,差速器中的行星齿轮既有公转,又有_____。

2.6S 管理是指:整理、整顿、清扫、清洁、素养、_____。

3.6S 中安全的目的是为确保"_____""机器的安全""产品的安全"。

4.7S 管理是指:整理、整顿、清扫、清洁、素养、安全、_____。

5.测量从动锥齿轮偏摆量为 0.15 mm,应进行_____。

二、选择题

1.差速器具有转矩平均分配的特点,因此当左轮打滑时,右轮获得的转矩(　　)。

    A.大于左轮转矩　　　　　　　　B.小于左轮转矩

    C.等于左轮转矩　　　　　　　　D.等于零

2.装用普通行星齿轮差速器的汽车,当一个驱动轮陷入泥坑时,汽车难于驶出的原因是(　　)。

    A.该轮无扭矩作用

    B.平整路面上的车轮得到与该轮相同的小扭矩

    C.此时车轮转向相反

    D.此时车轮没旋转

3.如果将一辆汽车的后驱动桥架起来,并挂上挡,这时转动一侧车轮,另一侧车轮将(　　)。

    A.同向并以相等的速度转动　　　B.反向并以相等的速度转动

    C.不转动　　　　　　　　　　　D.滑动

4.主减速器的作用是(　　)。

    A.减小扭矩　　　　　　　　　　B.降低转速增大扭矩

    C.增大转速　　　　　　　　　　D.增大附着力

5.汽车驱动桥由主减速器、差速器、半轴和驱动桥壳等组成,半轴不但传递扭矩,还可以起到(　　)作用。

    A.缓冲　　　　　B.保险丝　　　　　C.安全　　　　　　D.保险杠

三、思维拓展

写出主减速器内部零件的传动线路。

项目五│盘式制动器的拆装与检修

【项目描述】

　　一辆长安轿车行驶里程为 76 000 km。该车在行车制动时出现制动发抖,制动器发出异响声的情况。经检查后发现该车制动片已经达到了磨损极限,制动盘表面出现损伤。本项目主要讲解汽车盘式制动器制动片的拆装与检测、制动盘的检测两个任务。

【项目内容】

任务名称	主要内容
制动片的拆装与检测	①使用正确的工具拆装制动片; ②使用游标卡尺检测制动片厚度
制动盘的检测	①使用千分尺测量制动盘厚度; ②使用磁力表座和百分表检测制动盘圆跳动量

【项目目标】

　　①掌握盘式制动器的作用、机构及性能。
　　②能根据维修手册查找技术参数。
　　③会使用基本拆装工具及量具。
　　④能正确拆装盘式制动器的各个零部件。
　　⑤能正确测量制动片和制动盘的各个参数。
　　⑥能正确填写工作任务单。
　　⑦在操作过程中,树立学生常备不懈的安全操作意识,培养学生踏实、肯干、肯钻研的工作态度和良好的岗位职责意识。
　　⑧培养学生的环保意识,能对实训后的垃圾进行正确分类。

【知识储备】

一、盘式制动器的基础知识

1.盘式制动器的作用与结构

盘式制动器是通过摩擦衬块从两侧夹紧与车轮共同旋转的制动器后产生制动效能。制动器的旋转元件是金属盘,称为制动盘,如图5-1所示。不动的摩擦元件是制动钳或钢制圆盘。盘式制动器可分为固定钳盘式和浮钳盘式两类。

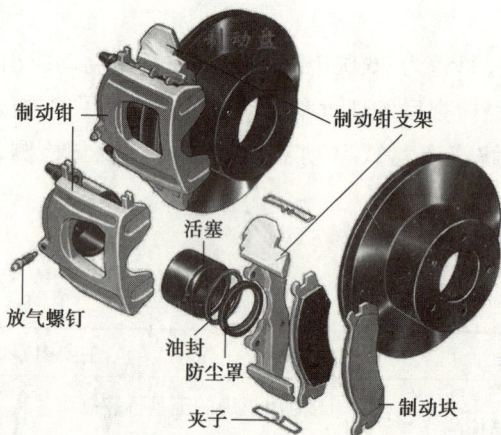

图 5-1　盘式制动器结构示意图

2.盘式制动器的性能与特点

盘式制动器具有散热能力强,热稳定性能好,制动效能稳定,抗水衰退能力强等特点。盘式制动器已广泛应用于轿车中,现在大部分轿车用于全部车轮,少数轿车只用作前轮制动器,与后轮的鼓式制动器配合,以保证汽车在较高制动时的方向稳定性。在商用车中,目前盘式制动器在新车型及高端车型中也逐渐被采用。盘式制动器结构简单,维修方便,易实现制动间歇自动调整。

3.技术规范与注意事项

①制动片检查周期为 7 500 km,更换周期为 40 000~50 000 km。

②安装时,禁止将油液、油脂和水等黏附到制动摩擦片上。

③举升作业时,一定要遵守举升机的使用安全规范,严禁违规操作,注意穿戴好防护用具。

④使用维修手册时,要注意避免残缺不全,资料应与使用车辆型号相对应。

⑤要遵守维修手册规定的其他技术和安全要求。

二、盘式制动器的拆装及检测

1.作业准备

（1）一般准备工作

①与小组成员共同清洁场地；

②清点所需工量具数量和种类；

③检查设备、工量具性能是否良好。

（2）安全防护准备工作

①安装车轮挡块阻挡车轮；

②使用空挡和驻车制动；

③安装好前栅格布及护套。

2.盘式制动器的拆装与检测

（1）车轮的拆卸

用举升机或千斤顶将车身稍稍顶起，车轮不得离地，此时用指针式扭力扳手按对角松开车轮螺栓。把车轮举升离地面，拆下车轮螺栓，用双手托住车轮两侧，取下车轮，如图5-2所示。

图5-2　取下车轮

（2）制动钳的拆卸及检查

①拆下制动分泵松开制动钳分泵的紧固螺栓（拧紧力矩为40 N·m），如图5-3所示。

注意：定位螺丝材质较软，拆卸时力量不能太大。

图 5-3　拆下制动钳

②拆下制动钳时,应把制动钳活塞压回制动钳壳体内,取下制动钳用 S 挂钩固定。注意保护皮碗、油管等,如图 5-4 所示。

注意:取下制动钳壳体后,不要去踩刹车,以免活塞从轮缸内出来。

图 5-4　用 S 挂钩固定制动钳

③检查制动缸的橡胶皮碗是否老化损坏。

（3）拆下、清洁和检修制动片

①拆下制动片，用酒精棉片清洁制动片表面。

注意：勿用压缩空气吹洗制动系统，因其产生的粉尘对健康有害，可用酒精棉片清洁制动片。

②使用游标卡尺测量制动片厚度，如图5-5所示，并将测量结果填入表5-1中。

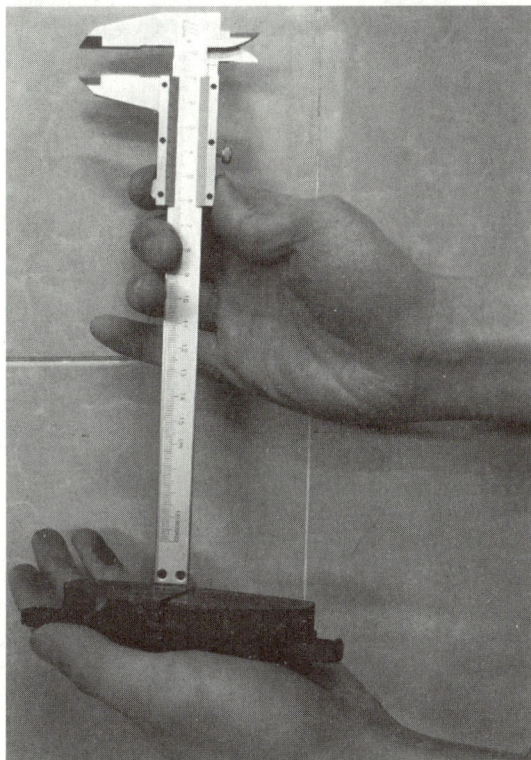

图 5-5 测量制动片厚度

表 5-1 制动片厚度的测量

内侧			外侧		
测量点 1	测量点 2	测量点 3	测量点 1	测量点 2	测量点 3
标准值：_____ □继续使用 □更换			标准值：_____ □继续使用 □更换		

（4）清洁和检修制动盘

①用酒精棉片清洁制动盘表面。

②用千分尺测量制动盘厚度，如图5-6所示，并将测量结果填入表5-2中。

图 5-6　测量制动盘厚度

表 5-2　制动盘厚度的测量

测量点 1	测量点 2	测量点 3
标准值：_____	□继续使用　　□更换	

　　③用磁力表座和百分表测量制动盘圆跳动量，如图 5-7 所示，并将测量结果填入表 5-3。

图 5-7　测量制动盘圆跳动量

表 5-3　制动盘圆跳动量的测量

标准值		□继续使用
测量值		□更换

（5）安装制动片

更换制动片时，要成对更换，并且注意其安装的方向和位置，如图 5-8 所示。

图 5-8　安装制动片

（6）安装制动钳

用专用工具把制动钳活塞压回制动钳壳体内，安装制动钳上下固定螺栓，其拧紧力矩为_____ N·m，如图 5-9 所示。

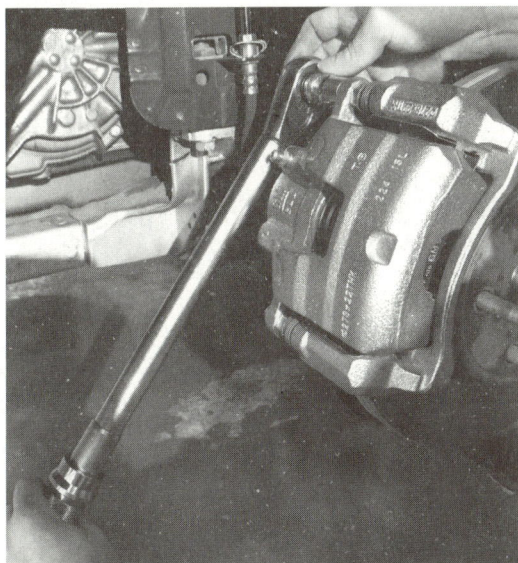

图 5-9　安装制动钳

（7）安装车轮

按对角安装车轮螺栓，放下举升机或千斤顶，紧固车轮螺栓，车轮紧固螺栓的力矩为_____ N·m，如图5-10所示。

图 5-10　安装车轮

【任务实施】

任务名称			
班级		姓名	
地点		日期	
小组成员			

一、任务准备

1.设备耗材准备

实训车辆、举升机、前栅格布、翼子板防护套、车内三件套、酒精棉片等。

2.工量具准备

维修手册、120 件套、扭力扳手、游标卡尺、千分尺、百分表、磁力表座、吹尘枪等。

二、过程记录

活动名称		任务要点记录	使用资源记录	本人角色
盘式制动器的拆装及检测	轮胎的拆装			□安全员 □操作员 □记录员 □观察员
	制动片的拆装及检测			□安全员 □操作员 □记录员 □观察员
	制动盘的拆装及检测			□安全员 □操作员 □记录员 □观察员

【评价与考核】

序号	作业项目	考核内容	评分标准	配分/分	扣分/分
1	作业安全职业操守	能进行工位 7S 操作	□整理、整顿(1分) □清理、清洁(1分) □素养、节约(1分) □安全(1分)	4	
		能进行设备和工具的安全检查	□检查作业所需要的工具设备是否完备(1分) □检查作业环境是否配备灭火器(1分) □检查设备用电情况是否正常(1分)	3	
		能进行工具清洁、校准、存放操作	□使用工具前对工具、量具进行校准(1分) □使用工具后对工具、量具进行清洁(1分) □作业完成后对工具进行复位(1分)	3	
2	轮胎的拆卸	能正确拆卸轮胎	□会使用举升设备(5分) □能正确使用扭力扳手拆卸轮胎(5分)	10	
3	制动片的拆装与检测	能正确拆卸制动钳	□使用合适的工具拆卸制动钳(3分) □用S挂钩固定制动钳(2分)	5	
		能正确拆卸制动片	□取下制动片,能分清内外侧(3分)	3	
		能正确清洁制动片	□能正确选用清洁用品对制动片进行清洁(3分) □能检查制动片外观有无损伤(3分)	6	
		能正确检测制动片	□能正确选择制动片厚度测量点(3分) □能正确使用量具测量制动片厚度(8分) □准确记录数据(5分)	16	

续表

序号	作业项目	考核内容	评分标准	配分/分	扣分/分
4	制动盘的检测	能正确清洁制动盘	□能正确选用清洁用品对制动盘进行清洁(3分) □能检查制动盘外观有无损伤(3分)	6	
		能检测制动盘厚度	□能正确选择制动盘厚度测量点(3分) □能正确使用千分尺测量制动盘厚度(3分) □准确记录数据(5分)	11	
		能正确测量制动盘圆跳动量	□能正确安装磁力表座(2分) □能正确安装百分表(2分) □能正确选择制动盘的圆跳动量测量点(3分) □能正确测量制动盘的圆跳动量(5分) □准确记录数据(5分)	17	
5	盘式制动器总成安装	能正确安装制动器总成	□能正确安装制动片(4分) □能正确检查制动片安装状态(4分) □能正确安装制动钳(4分) □能正确安装轮胎(4分)	16	
合计				100	

【实训报告单】

实训报告单					
科目		班级		学生姓名	
实训项目					
实训任务					
实训器材					
实训内容					
体会或建议					
实训结果	自评＿＿＿＿＿＿＿＿　　　　互评＿＿＿＿＿＿＿＿　　　　师评＿＿＿＿＿＿＿＿				

指导教师＿＿＿＿＿＿＿＿＿＿＿＿＿　　　　　　　　　　＿＿＿＿年＿＿＿月＿＿＿日

【作业】

一、填空题

1. 汽车制动系统的作用是根据需要使汽车减速或在最短的_____内停车,以确保行车安全,并保障汽车停放可靠,不能自动滑移。

2. 汽车制动系统一般至少装用两套各自独立的系统,一套是_____装置,主要用于汽车行驶中的减速和停车;另一套是_____装置,主要用于停车防止滑移。

3. 行车制动系统是使行驶中的汽车减低速度甚至_____的一套专门装置。

4. _____系统是兼用人力和发动机动力进行制动的制动系统。

5. _____系统是在汽车长下坡时用以稳定车速的一套装置。

二、选择题

1. 汽车制动时,制动力的大小取决于(　　　)。
   A.汽车的满载质量　　　　　　　B.制动力矩
   C.车速　　　　　　　　　　　　D.轮胎与地面的附着条件

2. 我国国家标准规定任何一辆汽车都必须具有(　　　)。
   A.行车制动系统　　　　　　　　B.驻车制动系统
   C.第二制动系统　　　　　　　　D.辅助制动系统

3. 国际标准化组织 ISO 规定(　　　)必须能实现渐进制动。
   A.行车制动系统　　　　　　　　B.驻车制动系统
   C.第二制动系统　　　　　　　　D.辅助制动系统

4. 汽车制动时,制动力 F_B 与车轮和地面之间的附着力 F_A 的关系为(　　　)。
   A.$F_B < F_A$　　　　B.$F_B > F_A$　　　　C.$F_B \leqslant F_A$　　　　D.$F_B \geqslant F_A$

5. 汽车制动时,当车轮制动力 F_B 等于车轮与地面之间的附着力 F_A 时,则车轮(　　　)。
   A.做纯滚动　　　B.做纯滑移　　　　C.边滚边滑　　　　D.不动

三、思维拓展

盘式制动系统由哪些零部件组成?它们分别有什么作用?

项目六 | 鼓式制动器的拆装与检修

【项目描述】

　　最近驾驶员黄某正常驾驶汽车上班时,在踩踏制动时发现制动系统的制动效能下降,制动距离和以前相比明显变长,因为汽车制动系统的性能好坏直接关系到驾驶安全,所以黄某将车辆开到了汽修厂,请汽修技师检查一下是什么原因导致了汽车制动性能下降。经检查后发现该车制动蹄片已经达到了磨损极限,制动鼓表面损伤。本项目主要讲解汽车鼓式制动器制动鼓的拆装与检测、制动蹄片的拆装与检测两个任务。

【项目内容】

任务名称	主要内容
制动鼓的拆装与检测	①使用正确的工具拆装制动鼓; ②使用游标卡尺测量制动鼓内孔直径
制动蹄片的拆装与检测	①使用正确的工具拆装制动蹄片; ②使用游标卡尺测量制动蹄片厚度

【项目目标】

　　①掌握鼓式制动器的作用和原理。
　　②能根据维修手册查找技术参数。
　　③会使用基本拆装工具及量具。
　　④能正确拆装鼓式制动器的各个零部件。
　　⑤能正确测量制动蹄片和制动鼓的各个参数。
　　⑥能正确填写工作任务单。
　　⑦在操作过程中,树立学生常备不懈的安全操作意识,培养学生踏实、肯干、肯钻研的工作态度和良好的岗位职责意识。
　　⑧培养学生的环保意识,能对实训后的垃圾进行正确分类。

【知识储备】

一、鼓式制动器的基础知识

1.鼓式制动器的作用与结构

鼓式制动器是利用制动传动机构使制动蹄将制动摩擦片压紧在制动鼓内侧,从而产生制动力,并根据需要使车轮减速或在最短的距离内停车,以确保行车安全,并保障汽车停放可靠而不能自动滑移。近年来,鼓式制动器在轿车领域已经逐步退出,让位给盘式制动器。但由于鼓式制动器的成本比较低,仍然在一些经济类轿车中被使用,主要用于制动负荷比较小的后轮和驻车制动。

鼓式制动器相对盘式制动器有更多的组成部件,其基本部件主要包括底板、制动轮缸、回位弹簧、限位弹簧、调节器、制动蹄、制动鼓等。

2.鼓式制动器的工作原理

当施加制动力时,制动踏板作用力经真空助力器助力后传递到制动主缸;制动主缸将液压油压送入制动管和制动软管,在液压压力的作用下,制动轮缸活塞推动制动蹄外张,使之与制动鼓接触,制动蹄与制动鼓之间的摩擦力迫使制动鼓的转速下降,从而降低车速,最终使车辆停止行驶。当解除制动力时,液压系统的液压压力下降,在回位弹簧的作用下,制动轮缸活塞回位,制动蹄与制动鼓分离,两者间的摩擦力消失。

3.技术规范与注意事项

①制动蹄片检查周期为 10 000 km,更换周期为 60 000 km。

②安装时,禁止将油液、油脂和水等黏附到制动摩擦片上。

③举升作业时,一定要遵守举升机使用安全规范,严禁违规操作,注意穿戴好防护用具。

④使用维修手册时,要注意避免残缺不全,资料应与使用车辆型号相对应。

⑤要遵守维修手册规定的其他技术和安全要求。

二、鼓式制动器的拆装及检测

1.作业准备

(1)一般准备工作

①与小组成员共同清洁场地。

②清点所需工量具数量和种类。

③检查设备、工量具性能是否良好。

(2)安全防护准备工作

①安装车轮挡块阻挡车轮。

②使用空挡和驻车制动。

③安装好前栅格布及护套。

2.鼓式制动器的拆装与检测

(1)车轮的拆卸

用举升机或千斤顶将车身稍稍顶起，车轮不得离地，此时用指针式扭力扳手按对角松开车轮螺栓。把车轮举升离地面，拆下车轮螺栓，用双手托住车轮两侧，取下车轮，如图6-1所示。

图6-1　取下车轮

(2)制动鼓的拆卸及检查

①拆下半轴螺栓，取出半轴，如图6-2所示。

图6-2　取出半轴

②拆下制动鼓固定螺栓及轴承,如图 6-3 所示。

图 6-3　拆下制动鼓固定螺栓

③取下制动鼓,用酒精棉片对制动鼓进行清洁。

注意:勿用压缩空气吹洗制动系统,因其产生的粉尘对健康有害,可用酒精棉片清洁制动鼓。

④使用钢直尺测量制动鼓内孔直径,至少测量 3 个点,如图 6-4 所示,并将测量结果填入表 6-1 中。

图 6-4　测量制动鼓

表 6-1　制动鼓内孔直径的测量

测量点 1	测量点 2	测量点 3
标准值：＿＿＿＿＿＿＿＿＿＿＿　　□继续使用　　□更换		

（3）拆下、清洁和检修制动蹄片

①拆下制动片，用酒精棉片清洁制动蹄片表面。

②检查制动蹄片表面，制动蹄片应无裂纹、老化或烧蚀，否则应更换。更换时，为保持制动力均衡，左右两车轮制动蹄片应同时成组更换。

③使用游标卡尺测量制动蹄片厚度，如图 6-5 所示，将测量结果填入表 6-2 中。

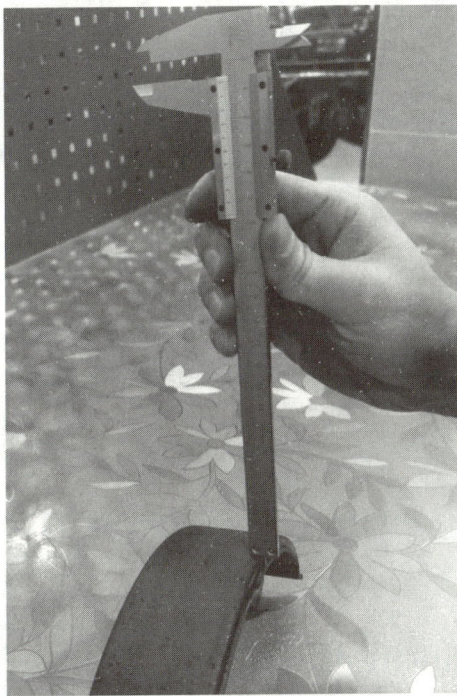

图 6-5　测量制动蹄片厚度

表 6-2　制动蹄片厚度的测量

左侧制动蹄片			右侧制动蹄片		
测量点 1	测量点 2	测量点 3	测量点 1	测量点 2	测量点 3
标准值：＿＿＿＿＿　□继续使用　□更换			标准值：＿＿＿＿＿　□继续使用　□更换		

（4）安装制动蹄片

注意更换制动蹄片时，要成对更换，并且注意安装的方向和位置，如图6-6所示。

图6-6　安装制动蹄片

（5）安装制动鼓

按照"先拆的后装，后拆的先装"的原则，依次安装，如图6-7所示。

图6-7　安装制动鼓

（6）调整驻车制动器

启动发动机，踩制动踏板约50次，检查鼓式制动器自动调整间隙的情况。如无异常,装上车轮;如有异常,需重新装配和调整,直至达到正常的技术要求。

(7)安装车轮

对角安装车轮螺栓,放下举升机或千斤顶,紧固车轮螺栓,车轮紧固螺栓的力矩

为_____N·m,如图6-8所示。

图6-8　安装车轮

【任务实施】

任务名称			
班级		姓名	
地点		日期	
小组成员			

一、任务准备

1.设备耗材准备
实训车辆、举升机、前栅格布、翼子板防护套、车内三件套、酒精棉片等。
2.工量具准备
维修手册、120件套、扭力扳手、游标卡尺等。

二、过程记录

活动名称		任务要点记录	使用资源记录	本人角色
盘式制动器的拆装及检测	轮胎的拆装			□安全员 □操作员 □记录员 □观察员
	制动鼓的拆装及检测			□安全员 □操作员 □记录员 □观察员
	制动蹄片的拆装及检测			□安全员 □操作员 □记录员 □观察员

【评价与考核】

序号	作业项目	考核内容	评分标准	配分/分	扣分/分
1	作业安全职业操守	能进行工位7S操作	□整理、整顿(1分) □清理、清洁(1分) □素养、节约(1分) □安全(1分)	4	
		能进行设备和工具的安全检查	□检查作业所需要的工具设备是否完备(1分) □检查作业环境是否配备灭火器(1分) □检查设备用电情况是否正常(1分)	3	
		能进行工具清洁、校准、存放操作	□使用工具前对工具、量具进行校准(1分) □使用工具后对工具、量具进行清洁(1分) □作业完成后对工具进行复位(1分)	3	
2	轮胎的拆卸	能正确拆卸轮胎	□会使用举升设备(5分) □能正确使用扭力扳手拆卸轮胎(5分)	10	
3	制动鼓的拆卸与检测	能正确拆卸制动鼓	□会使用合适的工具拆卸半轴固定螺丝(3分) □会拆卸半轴(3分) □能正确取下制动鼓(4分)	10	
		能正确检测制动鼓	□能正确选用清洁用品对制动鼓进行清洁(3分) □能检查制动鼓外观有无损伤(5分) □能正确使用量具测量制动鼓内孔直径(8分) □准确记录数据(5分)	21	
4	制动蹄片的拆装与检测	能正确拆卸制动蹄片	□能选用合适的工具拆下制动蹄片(5分)	5	
		能正确检测制动蹄片	□能正确选用清洁用品对制动蹄片进行清洁(3分) □能检查制动蹄片外观有无损伤(5分) □能正确使用量具测量制动蹄片厚度(8分) □准确记录数据(5分)	21	
5	鼓式制动器总成的安装	能正确安装制动器总成	□能正确安装制动蹄片(5分) □能正确检查制动蹄片安装状态(5分) □能正确安装制动鼓(5分) □能正确安装半轴(3分) □能正确安装轮胎(5分)	23	
		合计		100	

【实训报告单】

实训报告单				
科目		班级		学生姓名
实训项目				
实训任务				
实训器材				
实训内容				
体会或建议				
实训结果	自评_____　　　　互评_____　　　　师评_____			

指导教师_____　　　　　　　　　　_____年____月____日

【作业】

一、填空题

1. 制动力一定是_____。

2. 评价制动性能的指标主要有_____和制动稳定性。

3. 制动压力调节器的功用是接受_____的指令,通过电磁阀的动作来实现车轮制动器制动压力的自动调节。

4. 液压制动主缸的补偿孔堵塞,会造成_____不灵。

5. 东风 E01090 型汽车的驻车制动器的形式是_____。

二、单项选择题

1. 下列关于勤劳节俭的论述中,正确的选项是(　　)。

   A.勤劳是人生致富的充分条件　　　B.节俭是企业持续发展的必要条件

   C.勤劳不如巧干　　　　　　　　　D.节俭不如创造

2. 检查制动鼓内孔时,用(　　)测量直径,制动鼓内孔直径误差不得超过规定值。

   A.钢直尺　　　　B.角尺　　　　　C.游标卡尺　　　　D.深度尺

3. 就制动效能来看,鼓式制动器对自动助势效果利用最差的是(　　)制动器。

   A.简单非平衡式　　　　　　　　　B.简单平衡式

   C.双向平衡式　　　　　　　　　　D.自动增力式

4. 上海桑塔纳轿车采用的是(　　)伺服制动装置。

   A.真空增压式　　　　　　　　　　B.气压助力式

   C.真空助力式　　　　　　　　　　D.液压助力式

5. 东风 EQ1090 型汽车气压制动传动回路中,调压阀的两个接头应分别连接(　　)。

   A.空气压缩机和贮气筒　　　　　　B.空气压缩机和制动阀

   C.空气压缩机和单向阀　　　　　　D.卸荷阀和贮气筒

三、思维拓展

鼓式制动器由哪些零部件组成? 它们分别有什么作用?

项目七 | 汽车轮胎的拆装与检修

【项目描述】

一奥迪 A4 车主发现汽车仪表盘里面出现🄬警示灯,经查询此警示灯的意思是轮胎气压不足,车主非常苦恼。汽车在日常使用过程中应定期对轮胎进行检测与维护,以确保轮胎的工作正常及使用寿命正常。本项目主要讲解汽车轮胎的拆装、车轮动平衡检测两个任务,轮胎拆装机、车轮动平衡仪的正确使用为本项目重点学习内容。

【项目内容】

任务名称	主要内容
汽车轮胎的拆装	①轮胎拆装机的组成; ②轮胎拆装的方法与步骤
车轮动平衡检测	①车轮动平衡仪的组成; ②车轮动平衡检测方法

【项目目标】

①会正确使用汽车轮胎拆装机。

②能够对车轮进行动平衡检测并修复。

③在操作过程中,树立学生常备不懈的安全操作意识和安全用电常识,培养学生踏实、肯干、肯钻研的工作态度和良好的岗位职责意识。

④培养学生的环保意识,能对实训后的垃圾进行正确分类。

【知识储备】

一、汽车轮胎的基础知识

1.汽车轮胎的作用与结构

车轮是由轮毂和轮胎组成。

轮胎承受行驶期间出现的所有路面作用力,因此是整个底盘系统的重要部件。轮胎具有支撑、承重、产生牵引力和制动力、改变汽车行驶方向四大作用。轮胎结构示意图如图7-1所示。

图 7-1　轮胎结构

2.轮胎的标识与规格

轮胎标识如图7-2所示。

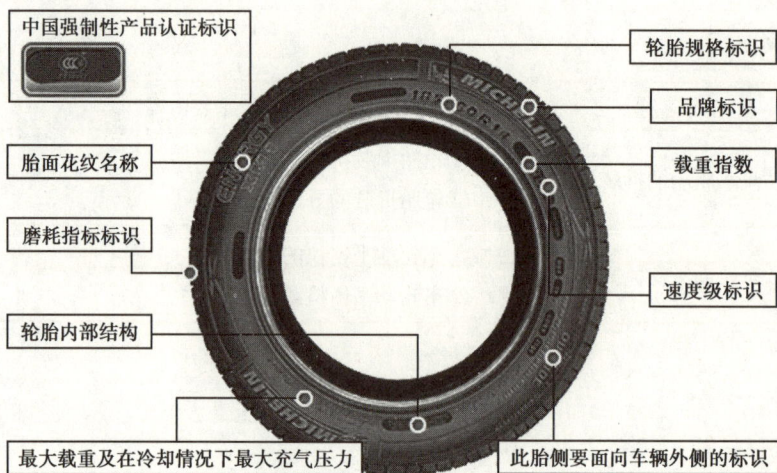

图 7-2　轮胎标识示意图

常见轮胎的规格一般标识在轮胎胎侧上,格式如图7-3所示。

3.轮胎拆装机

轮胎拆装机是一种实现将汽车轮胎从轮毂上拆下、安装并充气的设备。它主要用于轮胎的修补、更换、安装等,是汽车修理厂、汽车轮胎店和汽车装胎厂等必备的设备。在国内除称其为轮胎拆装机外,还有的地方将其称为扒胎机、拆胎机等。

轮胎拆装机目前在市场主要有半自动侧摆臂式轮胎拆装机、半自动右倒臂式拆装机、全自动轮胎拆装机等。因半自动摆臂式轮胎拆装机具有使用方便、价格较适宜等优点,故被广泛采用,如图7-4所示。

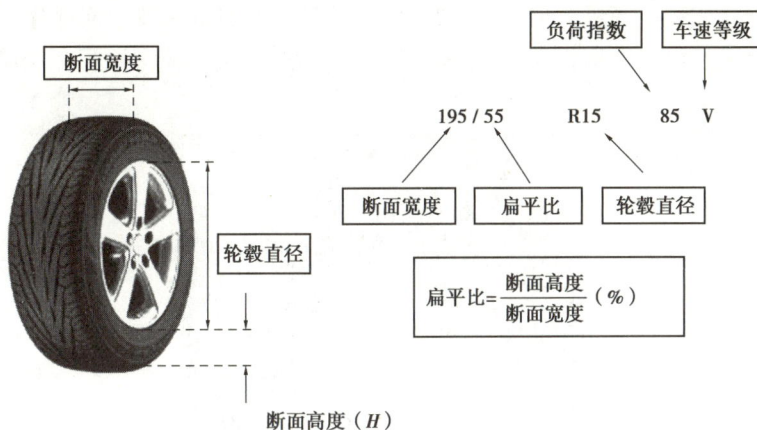

断面宽度

轮毂直径

断面高度（*H*）

负荷指数　车速等级

195 / 55　　R15　　85　V

断面宽度　扁平比　轮毂直径

$$扁平比 = \frac{断面高度}{断面宽度}（\%）$$

图 7-3　轮胎规格

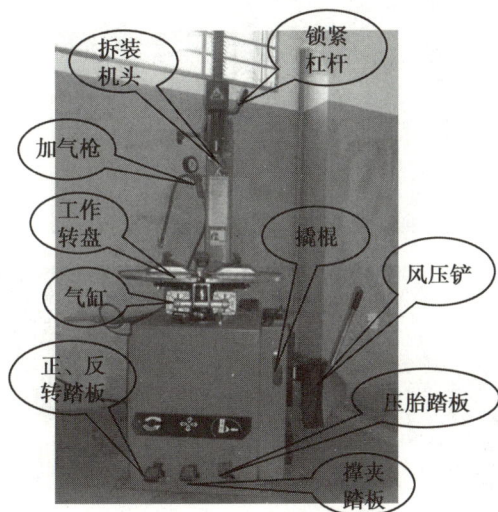

拆装机头　锁紧杠杆

加气枪

工作转盘

撬棍

气缸

风压铲

正、反转踏板

压胎踏板

撑夹踏板

图 7-4　半自动摆臂式轮胎拆装机

二、汽车轮胎的拆装及车轮动平衡检测

1.车辆动平衡

　　当汽车形成动不平衡状态时,车轮高速旋转起来后,就会造成车辆在行驶中车轮抖动、方向盘震动的现象。为了避免这种现象或是消除已经发生的这种现象,就要使车轮在动态情况下通过增加配重的方法,帮助车轮校正各边缘部分的平衡。这个校正的过程就是人们常说的动平衡检测。轮胎应当定期用车轮动平衡机做动平衡检查。

2.车轮动平衡机

　　目前轮胎平衡机在市场上也有很多类型,主要分为卧式动平衡机和立式动平衡机。立式动平衡机是指被平衡转子轴线处于垂直状态的一类动平衡机;卧式动平衡机是指被平衡转子轴线处于水平状态的一类动平衡机。

下面以立式动平衡机为例,来简要介绍车轮动平衡机的主要组成部分。

车轮动平衡机由平衡机主轴、车轮锁紧锥套、显示仪、车轮防护罩、机箱等组成,如图7-5所示。

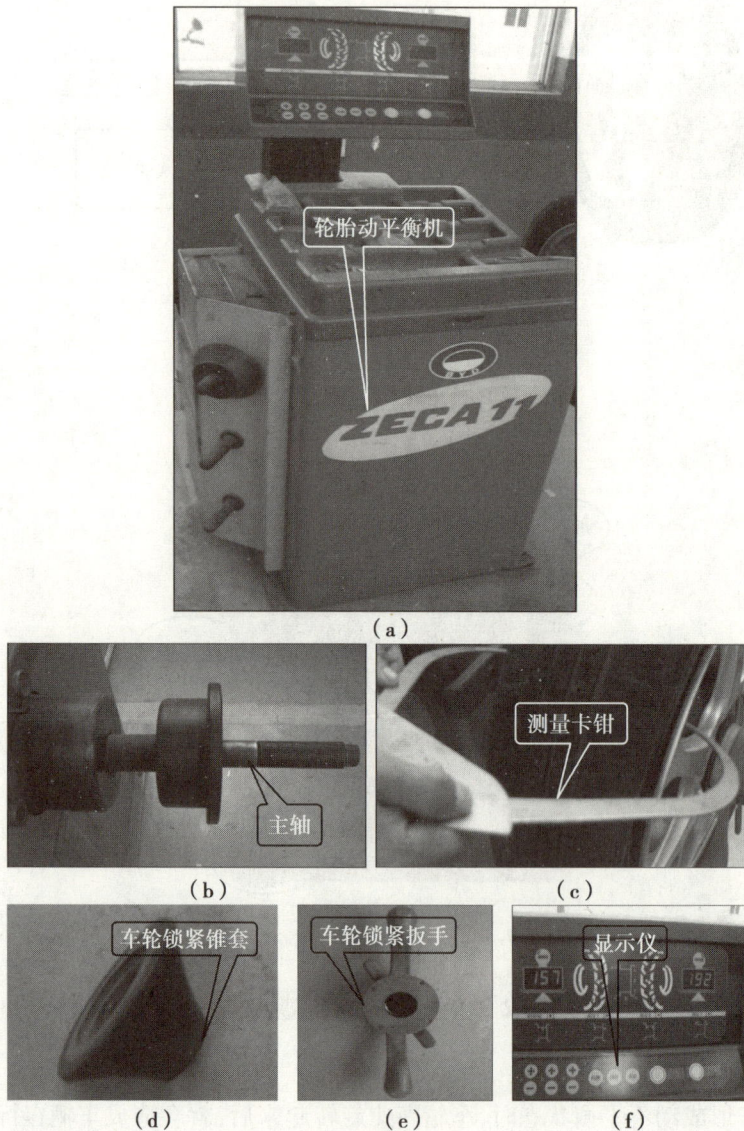

（a）

轮胎动平衡机

主轴

（b）

测量卡钳

（c）

车轮锁紧锥套

（d）

车轮锁紧扳手

（e）

显示仪

（f）

图7-5　车轮动平衡机

3.操作流程

（1）拆卸轮胎

①首先将车轮从整车上拆下来。

②对轮胎进行放气处理。

③清除车轮上的杂物和平衡块,以免发生危险。

④将轮胎垂直放在风压铲与机座橡胶垫之间,把风压铲移向轮胎,踩下压胎踏板,

风压铲在气体压力作用下使轮胎松动,如图7-6所示。

⑤将轮毂固定在工作盘上,如图7-7所示。

图7-6　松动轮胎

轮毂正面朝上

图7-7　将轮毂固定在工作盘上

⑥在轮胎胎圈上涂抹少许润滑剂,按下升降杆,使拆装机头接触轮毂边缘。

⑦以拆装机头的一端为支点,用撬棍撬起轮胎外缘,踩下工作盘旋转踏板,工作盘和轮胎一起旋转,使轮胎上缘脱离轮毂,如图7-8所示。

⑧用同样的方法把轮胎下边缘也拆下,使轮胎与轮毂彻底脱离,如图7-9所示。

图7-8　轮胎上缘脱离轮毂

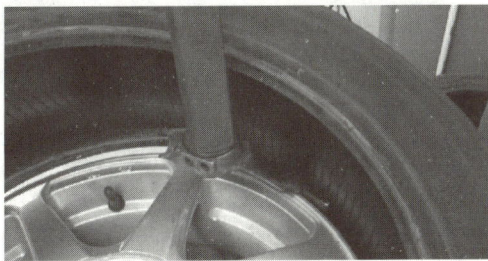

图7-9　彻底脱离

(2)安装轮胎

①轮毂放到工作盘上并卡紧,如图7-10所示。

②在轮胎唇边涂少许润滑脂,将轮胎下缘一部分套装在轮毂上,按下升降杆,使升降杆靠近轮毂边缘,用手或专用压具按住轮胎,踩下工作盘旋转踏板转动,使轮胎下缘安装在轮毂上,如图7-11所示。

③用同样的方法把轮胎上缘也装到轮毂上。

(3)动平衡检测

现以轮胎规格为195/60 R15的铝质车轮为例介绍车轮动平衡操作。

①将车轮套装在动平衡仪主轴上,用锥套和专用车轮锁紧扳手将车轮固定在主轴

上并锁紧,如图 7-12 所示。

图 7-10　卡紧轮毂

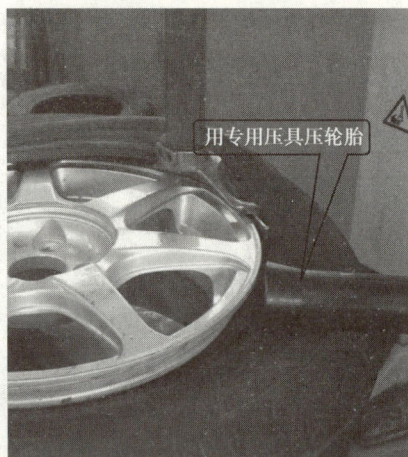

图 7-11　安装下缘

（a）

（b）

图 7-12　固定车轮

②用测量标尺测出动平衡机离车轮轮毂距离 a,如铝合金轮毂 $a=8.5$ in,钢轮轮毂 $a=8.0$ in,如图 7-13 所示。

③用测量卡钳测量轮毂宽度 b,如铝轮毂 $b=6.5$ in,钢轮 $b=6.0$ in,如图 7-14 所示。

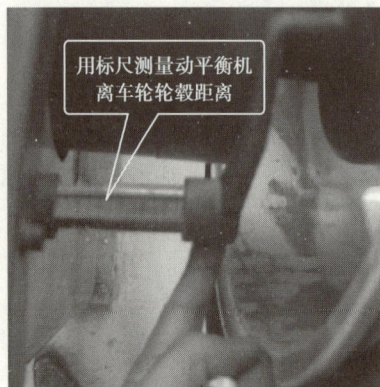

图 7-13　测量 a 值

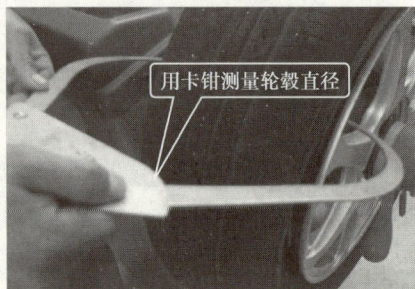

图 7-14　测量 b 值

④用卡尺测量轮毂直径 d，直径 $d = 15$ in。

⑤输入测量的数值，如图 7-15 所示。

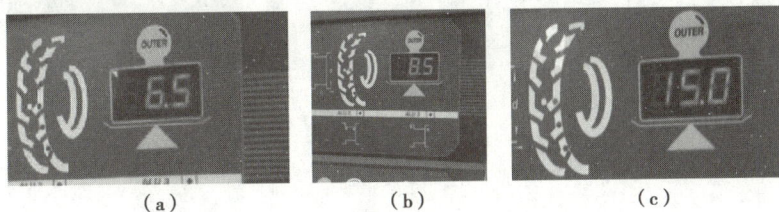

（a）　　　　　　（b）　　　　　　（c）

图 7-15　输入测量值

⑥盖上防护罩，按下启动按钮，车轮开始转动，当动平衡机自动制动后，抬起防护罩，观察显示仪上显示的数值，如图 7-16 所示。

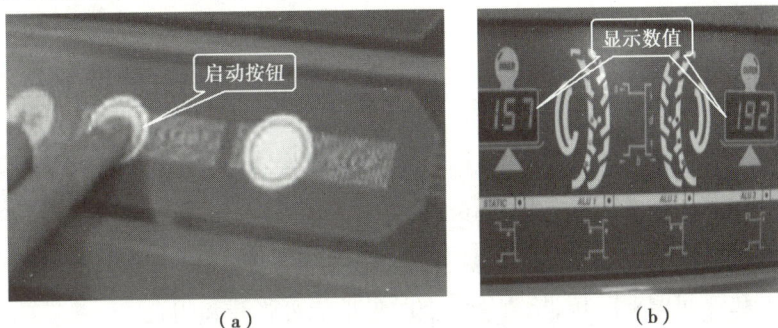

（a）　　　　　　　　　（b）

图 7-16　观察显示仪上数字

⑦用手转动轮胎，当显示仪上左侧红灯全部亮时停止转动，在轮毂内左侧贴上相应数值平衡块（显示仪左侧相对应显示数值），即在箭头所指的正对位置，靠近轮毂边缘处粘贴平衡块，如图 7-17 所示。

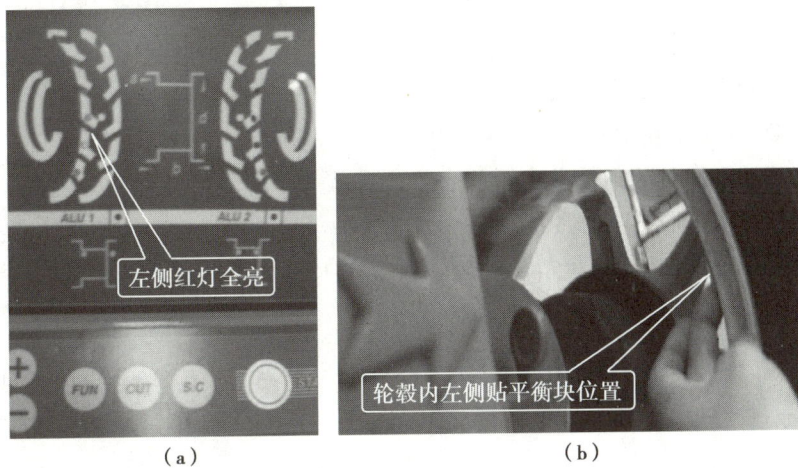

（a）　　　　　　　　　（b）

图 7-17　左侧贴上平衡块

⑧用手转动轮胎，当显示仪上右侧红灯全部亮时停止转动，在轮毂内右侧贴上相应数值的平衡块（即显示仪右侧相对应显示数值），如图 7-18 所示。

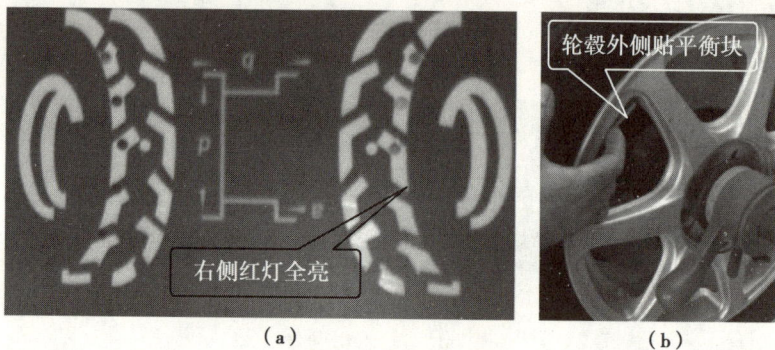

（a） （b）

图 7-18　右侧贴上平衡块

⑨贴好平衡块后放好防护罩，按下启动按钮，再次测量，显示仪两边显示数值的误差在规定范围内（误差值在 5 g 内），车轮即达到动平衡要求。

车轮动平衡操作完毕后，松开车轮锁紧扳手，拆除锥套，取下轮胎，切断电源，擦洗平衡机设备。

4.技术规范与注意事项

（1）轮胎拆装机的使用注意事项

①检查拆装机的电源、气源、机械传动部分是否正常。

②踩下和踩回撑夹踏板，检查转盘上的夹爪能否张开和闭合。

③踩下和松开风压铲踏板，检查风压铲能否动作和复位。

④踩下和上抬正反转踏板，检查转盘能否顺时针转动和逆时针转动。

⑤检查锁紧杠杆是否锁紧垂直轴。

⑥轮胎要垂直放置，防止分离铲损伤轮毂。

（2）车轮动平衡机的使用注意事项

①操作前清除轮胎上的泥土、杂物等。

②取掉轮毂上的旧平衡块。

③BYD-F3 车型轮胎标准气压为 210 kPa。

④清洁动平衡机的主轴和车轮总成锁紧锥套。

⑤接通电源，预热主机。

⑥按下启动按钮，动平衡机主轴旋转后应在 15 s 内自动制动。制动后，指示灯应显示合格标志，表示仪器正常。

【任务实施】

任务名称				
班级		姓名		
地点		日期		
小组成员				

一、任务准备

1.设备准备

整车、轮胎拆装机、车轮动平衡仪等。

2.工量具准备

SATA120 件套、扭力扳手、气门钥匙、数字气压表、吹尘枪等。

3.耗材准备

润滑脂、平衡块等。

二、过程记录

	活动名称	任务要点记录	使用资源记录	本人角色
汽车轮胎的拆装	1.轮胎的拆卸			□安全员 □操作员 □记录员 □观察员
	2.轮胎的安装			□安全员 □操作员 □记录员 □观察员
汽车车轮动平衡检测	3.车轮动平衡检测			□安全员 □操作员 □记录员 □观察员

【评价与考核】

序号	作业项目	考核内容	评分标准	配分/分	扣分/分
1	作业安全职业操守	能进行工位 7S 操作	□整理、整顿(0.5分) □清理、清洁(0.5分) □素养、节约(0.5分) □安全(0.5分)	2	
		能进行设备和工具的安全检查	□检查作业所需要的工具设备是否完备(1分) □检查作业环境是否配备灭火器(1分) □检查设备用电情况是否正常(1分)	3	
		能进行安全用电操作	□作业过程中做到远离油液(1分) □正确连接实训供电设备(1分) □正确操作用电设备(2分)	4	
		能进行工具清洁、校准、存放操作	□使用工具前对工具、量具进行校准(1分) □使用工具后对工具、量具进行清洁(1分) □作业完成后对工具进行复位(1分)	3	
2	汽车轮胎常识	汽车轮胎基本知识	□能说出汽车轮胎的四大作用(5分) □能够识读轮胎标记(5分)	10	
3	轮胎的拆卸	会正确使用工具将车轮从整车上拆下	□能正确选用合适套筒(2分) □工具使用方法正确(3分)	5	
		能正确使用轮胎拆装机拆卸轮胎	□会使用气门钥匙给轮胎放气(2分) □会用平衡块扳手卸掉轮毂上的平衡块(2分) □能正确使用风压铲使轮毂边与轮胎边分离(4分) □会正确操作撑夹踏板将车轮紧固到轮胎拆装机工作转盘上(4分) □会使用撬棍将轮胎边挂到拆装机头上(3分) □会正确选用旋转踏板(3分)	18	

续表

序号	作业项目	考核内容	评分标准	配分/分	扣分/分
4	轮胎的安装	能正确使用轮胎拆装机安装轮胎	□检查轮胎和轮毂尺寸是否搭配(2分) □是否在轮胎内侧边缘涂上润滑脂(3分) □会正确操作撑夹踏板将轮毂紧固到轮胎拆装机工作转盘上(4分) □会将轮胎边缘挂到拆装机头上(3分) □会正确选用旋转踏板(3分)	15	
		能正确使用数字气压表给车轮充气	□能正确使用数字气压表(5分) □能准确读取气压表数值(标注气压:2.0~2.6 kPa)(5分)	10	
5	车轮动平衡检测	能正确使用车轮动平衡机对车轮进行动平衡检测	□会将轮胎套装在动平衡仪主轴上,用锥套和专用车轮锁紧扳手将车轮固定在主轴上并锁紧(4分) □会用测量标尺测出动平衡机离车轮轮辋的距离a(4分) □会用测量卡钳测量轮辋宽度b(4分) □会用卡尺测量轮辋直径d(4分) □会正确读取显示仪上的数据(4分) □能正确找出失衡区域(5分) □能校检车轮动平衡(5分)	30	
		合计		100	

【实训报告单】

实训报告单					
科目		班级		学生姓名	
实训项目					
实训任务					
实训器材					
实训内容					
体会或建议					
实训结果	自评＿＿＿＿＿＿＿＿＿＿　　互评＿＿＿＿＿＿＿＿＿＿　　师评＿＿＿＿＿＿＿＿＿＿				

指导教师＿＿＿＿＿＿＿＿＿＿＿＿＿＿　　　　　　　　　　　＿＿＿＿年＿＿月＿＿日

【作业】

一、填空题

1.轮胎的四大作用是_____、_____、产生牵引力和摩擦力、改变汽车行驶方向。

2.轮胎通常的气压为_____kPa。

3.使用轮胎拆装机拆卸轮胎时,需要使用_____,给轮胎放气。

4.使用轮胎拆装机安装轮胎时,要先在轮胎内圈上涂抹_____。

5.给车轮做完动平衡检测后,通过给车轮添加_____使之达到动平衡。

二、选择题

1.在使用轮胎拆装机拆卸轮胎时,需要踩下(　　)踏板,使工作盘顺时针转动。

　　A.撑夹踏板　　　　B.压胎踏板　　　　C.正转踏板　　　　D.反转踏板

2.在使用轮胎拆装机安装好轮胎后,给轮胎充气至(　　)kPa气压。

　　A.1.0　　　　　　B.2.3　　　　　　C.2.8　　　　　　D.3.0

3.轮胎花纹的作用是(　　)。

　　A.增强排水性能　　　　　　B.有利于降低胎噪

　　C.控制轮胎与路面的摩擦　　D.以上都不是

4.法律规定的轮胎最小花纹深度是(　　)。

　　A.1.6 mm　　　　B.1.8 mm　　　　C.1.4 mm　　　　D.2.0 mm

5.因环境温度的不同,夏季的轮胎压力应比冬季略(　　)。

　　A.高　　　　　　B.低　　　　　　C.一样

三、拓展题

1.选取几款车型,对比他们所使用轮胎的优劣。

2.若汽车在行驶过程中出现了爆胎,车辆安全停下后该怎么办?